ERIK VERG · HAMBURG PHILHARMONISCH · EINE STADT UND IHR ORCHESTER

Gestaltung: Jan Huß
Dokumentation: Joachim Wenzel
(Hamburgische Staatsoper),
Dr. Gisela Jaacks
(Museum für Hamburgische Geschichte)
Für dieses Buch fotografierte:
Fritz Peyer (Seite 4 bis 21)
Fotovorlagen stellten:
Sammlung Lachmund,
du Vinage,
Zentral-Foto-Archiv Axel Springer Verlag AG,
Archiv: Erik Verg,
Hamburgische Staatsoper, Bildarchiv u. a.

© *Hans Christians Verlag, Hamburg 36*
Alle Rechte der Vervielfältigung sind vorbehalten
Lithos: Laudert + Co.
Druck: Hans Christians
Einband: Verlagsbuchbinderei Ladstetter
ISBN 3-7672-0591-2
Printed in Germany, 1978

ERIK VERG

Hamburg philharmonisch
Eine Stadt und ihr Orchester

CHRISTIANS

Aldo Ceccatos Heimat sind die großen Orchester und Opernhäuser der Welt. Als der geborene Mailänder 1976 zum Generalmusikdirektor des Philharmonischen Staatsorchesters Hamburg berufen wurde, war er noch Direktor des Detroit Symphony Orchestra.

Er hat die Symphonieorchester von Boston und Chicago, Philadelphia und San Francisco dirigiert, die Philharmoniker in New York, Londoner, Berlin und Israel, die Orchester der Mailänder Scala, des Londoner Covent-Garden, Festspiele in Glyndbourne, Wien, Prag. Und viele andere.

Und in dieser Reihe klingender Namen steht nun unser Philharmonisches Staatsorchester. In einem Interview sagte Aldo Ceccato, was er von sich verlangt – und sich von den Hamburgern wünscht:

,,So wie ich bei meiner Arbeit mit dem Orchester aufnahmebereit sein muß, um eine harmonische Zusammenarbeit zu erreichen, möchte ich auch versuchen, das Publikum für ein mitwirkendes Zuhören zu gewinnen. In diesem Sinne wünsche ich mir für unsere Konzerte eine echte PHILHARMONISCHE GESELLSCHAFT.''

4

Der Titel dieses Buches ist ein Programm. „Hamburg philharmonisch" erscheint var zu dem Zeitpunkt, da die Philharmonie 0 Jahre besteht, es soll aber keine „Jubiumsschrift" sein, keine wissenschaftliche Abndlung und keine lückenlose Aufzeichnung r Geschichte dieser Gesellschaft oder der verhiedenen Orchester, aus denen schließlich das iilharmonische Staatsorchester von heute urde.

Hamburg philharmonisch" will das Wachsen d Werden der Philharmonie als Teil der Gehichte unserer Stadt zeigen. Bürger dieser eien- und Hansestadt brachten die Initiative d den Mut auf, die Gesellschaft zu gründen d sie über alle Krisen zu erhalten. Sie schufen n Rahmen für die Künstler. Und Dirigenten, usiker, Solisten und Chöre dankten es ihnen, dem sie die „Hamburger Philharmoniker" zu nem Orchester machten, das seine internatiole Anerkennung ebenso gefunden hat, wie die ppelt so alte Hamburgische Staatsoper.

or beinahe einem halben Jahrhundert ist aus r von Bürgerinitiative getragenen Vereinig das Philharmonische Staatsorchester georden. Senat und Bürgerschaft sind nun in der licht für „ihr" Orchester, das seinerseits dars die Verpflichtung ableitet, „Hamburg philrmonisch" zu repräsentieren.

s ist die doppelte Aufgabe der Hamburger iilharmoniker, möglichst viele Bürger in dier Stadt zu erreichen und gleichzeitig Hamrgs musikalische Visitenkarte in der Welt zu in.

ie Philharmonischen Konzerte in der Musiklle, unserer „Philharmonie", waren und eiben die beste Möglichkeit, die besondere igenart dieses Orchesters zu zeigen. Als pernorchester stellen sich die Philharmoniker er gleichzeitig fast Abend für Abend einer

Ernst Schönfelder ist Orchesterdirektor. Er nimmt dem Generalmusikdirektor das Management ab und vertritt das Orchester gegenüber Behörden und Öffentlichkeit. Bevor er philharmonischer Direktor wurde, war er Flötist im Orchester und kennt als gebürtiger Hamburger die musikalische Szene der Stadt.

Vor der Finanzbehörde im Schumacher-Bau am Gänsemarkt: Rolf Mares, als Staatsoperndirektor auch dafür zuständig, daß beim Philharmonischen Staatsorchester die Kasse immer stimmt

großen Zahl bewußter Musikfreunde. Auch die darüber hinausgehende Aufgabe, durch „Volks- und Schülerkonzerte" weitere Kreise zu erreichen, hat in Hamburg Tradition. Sie wurde schon 1896 im ersten Subventionsvertrag zwischen der Stadt und dem „Verein Hamburgischer Musikfreunde" vertraglich festgelegt. Heute gehen die Philharmoniker in die Schulen, spielen nicht nur vor, sondern erklären und diskutieren die Funktion der Instrumente und den philharmonischen Zusammenklang mit den jungen Menschen.

Weit über die Konzertsäle hinaus reichen die zeitgemäßen Aktivitäten der Philharmoniker heute. Philharmonische Frühschoppen, Straßenkonzerte, die Teilnahme an Stadtfesten wie dem „Alstervergnügen" sind genauso fester Bestandteil des Musiklebens geworden wie schon fast selbstverständlich die Philharmonischen Kammer-Konzerte in der Musikhalle und in den Stadtteilen.

Beweglichkeit ist eine Forderung, der sich die Philharmoniker mit Freude stellen, sowohl geistig, was die Programmgestaltung betrifft, als auch faktisch. Die Philharmoniker sind zur Stelle, wo immer sie zum pulsierenden Leben Hamburgs beitragen können, und sie „zeigen Flagge" für Hamburg weit über die Grenzen unseres Stadtstaates hinaus. „Eine bessere Werbung für Hamburg kann ich mir nicht vorstellen", schrieb der hamburgische Senator in der Bundeshauptstadt nach der Deutschland-Tournee im Frühjahr 1978.

Dieses Buch stellt die Philharmonie von heute vor, blickt zurück und weist die Leser von morgen darauf hin, wie „Hamburg philharmonisch" sich über die Jubiläumssaison 1978/79 hinaus darzustellen beabsichtigt.

Ernst Schönfelder

Die Philharmoniker von 1828/29 haben sich inzwischen gewandelt zum Philharmonischen Staatsorchester, einer Institution der Freien und Hansestadt Hamburg. Durch Beschlüsse der Bürgerschaft, des Parlaments des Stadtstaates, ist der Bestand des Orchesters gesichert, der Rahmen der Aufgaben vorgezeichnet. Der Senat, vertreten durch den Präses der Kulturbehörde, ist der „Dienstherr" des Staatsorchesters. Auch der Chefdirigent, der den Titel Hamburgischer Generalmusikdirektor trägt, wird vom Senat berufen. Der Orchesterdirektor ist verantwortlich für alle Fragen des Orchesterbetriebes im Konzert und in der Oper, der kaufmännische Direktor sorgt für die geregelte „Haushaltsführung", denn das Orchester muß mit den von der Bürgerschaft bewilligten Finanzmitteln auskommen. Das Staatsorchester hat 132 Mitglieder: 6 Flöten, 6 Oboen, 6 Klarinetten, 5 Fagotte, 10 Hörner, 7 Trompeten, 6 Posaunen, 1 Tuba, 2 Pauken, 4 Schlagzeuge, 2 Harfen, 23 erste Violinen, 18 zweite Violinen, 15 Bratschen, 12 Celli, 9 Kontrabässe. Die Größe des Orchesters wird mitbestimmt durch die Tätigkeit des Staatsorchesters als Orchester der Hamburgischen Staatsoper. Wer zu den Philharmonikern will, muß dem Chefdirigenten und dem Orchester vorspielen und zunächst ein Probejahr ablegen. Woche für Woche wird dann der zwischen Konzert- und Opernleitung abgestimmte „Dienstplan" für jedes Mitglied vom Orchesterbüro bekanntgegeben; durch diese Doppeltätigkeit ergibt sich ein vielfältiges musikalisches Leben für jeden Philharmoniker.

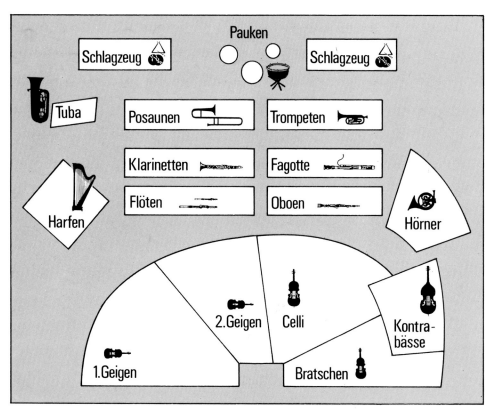

Alle drei Jahre wählen die Musiker ihre Orchestervorstand selbst. Im 150. Jahr d Bestehens der Philharmonie sind in diese Amt: Udo Scheuermann und Bruno Ko zuschek (als Vorsitzende) sowie Heinz Fa le, Dietrich Halm und Anton Vogel. D sind: zwei Geiger, ein Bratschist, ein Klar nettist und ein Posaunist.

Ein Orchester ist eine Versammlung von Wahlverwandten, in der jedes Mitglied an seinem Ich hängt, aber vom Wir lebt. In das Wir einbezogen ist auch die musikalische Gesellschaft – ursprünglich in Hamburg im Jahre 1828 –, sogar als Geburtshelfer des Orchesters. Das Eigenleben des Orchesters ist gebunden an die Bereitschaft eines jeden, sein Können, seine Lust am Musizieren, seine Vorstellung vom Wie des Ausführens in die Gemeinschaft der Wahlverwandten einzubringen. Vom Dirigenten, inspiriert durch die Partitur des Komponisten, geht die musikalische Idee aus, aber er bleibt angewiesen auf das Eingehen des Orchesters auf seine Initiativen. Es muß sich in seinem Sinne zusammenfinden. So wird jede Aufführung zugleich auch die Geburt und Wiedergeburt einer philharmonischen Gemeinschaft.

Die Konzertmeister stehen in der Hierarchie des Orchesters vorne und auf dem Foto vor dem Mittelpunkt des Hamburger Musiklebens, der Musikhalle, Hamburgs Philharmonie

Die Geigen stehen im Orchester im Vordergrund, wie die Politiker im Rathaus. Passender Hintergrund für eine Instrumentengruppe, die in ganz besonderer Weise die Hörer bezaubern muß

Die Bratschisten geben sich auf der Treppe des Je-
nischhauses die Ehre. Im Orchester stehen die Brat-
schen zwischen den Geigen und Bässen in den Klang-
stufen auf halber Höhe

*Selbstbewußt und mit viel Sinn für das Dekorative
stehen die Cellisten auf der Lombardsbrücke. Hinter
ihnen ist nur noch das „übrige Hamburg" (deutsch
heißen die Cellisten „Kniegeiger")*

"En reinen Ton up den Kunterbaß is en puren Taufall", pflegte Vater Brahms zu behaupten. Die Bassisten von heute haben den Zufall überwunden – auch wenn man es im Hafen nicht hört.

Einst lernten junge Mädchen Harfe spielen, um ihre schönen Arme zur Geltung zu bringen. Die philharmonischen Harfinistinnen zeigen hier, wie musisch Hamburg aussehen kann. Auch im Regen.

Die Flöten gehören zu den Holzblasinstrumenten,
auch wenn sie aus Silber sind. Spätestens seit Friedrich
dem Großen schloßfähig, passen sie gut ins Dekor des
Flottbeker Herrenhauses.

Die Oboisten stellen sich vor der Pöseldorfer Kut-
scherkneipe dem Fotografen. Lautes Holz (hautbois)
hieß ihr Instrument in Frankreich, als es dort im 17.
Jahrhundert zuerst auftauchte.

Die Klarinettisten haben unter den Holzbläsern das größte Klangregister. Eine kleine Festmusik im Interieur des Jenisch-Hauses könnten sie ohne Schwierigkeiten auch allein bestreiten.

Tiefe Töne zwischen den Krameramtsstuben: Die Fagotte sind die Bässe der Holzbläser. Fagotto heißt italienisch das Bündel, weil das Fagott aus gebündelten Röhren besteht.

Im Mittelpunkt der Stadt aufgebaut, wie auch im Orchester: die philharmonischen Waldhörner. Der Wald, in dem sie ,,ins Horn stoßen'', ist hier der Flaggenwald an der Binnenalster.

*Trompeten „schmettern" und geben ordentlich Laut
aus blankgeputztem Blech. Sie glänzen im Orchester
wie der Spiegel der Außenalster inmitten der Freien
und Hansestadt Hamburg.*

In grauer Vorzeit brachten Posaunen die Mauern von
Jericho zum Einsturz. In ferner Zukunft werden sie
zum Jüngsten Gericht blasen. Die Tuba (links) hat
weniger biblischen Ruhm.

Auf die Pauke hauen verlangt ebenso eine langjährige Ausbildung wie an jedem anderen Instrument. Seit Berlioz gehören die Schlagzeuger ins Orchester wie moderne Architektur in die Stadt.

Die Verpflichtungen eines jeden Philharmonikers kann man aus einem dicken Buch ablesen, eingerichtet und freundlich, aber auch stets unerbittlich überwacht von der Orchestersekretärin

Wenn die Instrumente und Notenpulte nicht rechtzeitig am richtigen Ort stehen, findet ein Konzert nicht statt. Die Orchesterwarte, hier mit Baßkoffer, sind unentbehrliche Helfer der Musen

Das Rathaus an der Trostbrücke. In seinem Keller wurde das Vermögen der Bank aufbewahrt. Heinrich Heine spottete: ,,Hamburg ist eine gute Stadt. Hier herrscht nicht der schändliche Macbeth, sondern hier herrscht Banco."

Hamburg 1828. Seit acht Jahren verwandelt der Gartenbaumeister Altmann die aus dem 17. Jahrhundert stammenden Festungswälle in Promenaden: Bastionen sind sinnlos geworden. Moderne Heere können sie überwinden. Man könnte auch von innen nach außen über diese engen Grenzen hinwegsetzen, ins Freie, in ein größeres Hamburg. Aber die Verfassung gewährt politische Rechte nur dem, der Grund und Boden innerhalb der Stadt besitzt, und ,,Erbgesessene Bürgerschaft" rechnet sich klug aus, daß Stadttore zwar militärisch

sinnlos sein mögen, gewiß aber nicht finanziell. Und so hat man 1825 die Tore zwar abgerissen, an ihre Stelle aber Zollhäuschen gesetzt und kassiert: vier Schilling von jedem, der nach Einbruch der Dunkelheit in die Stadt will, und das kann im Winter schon nachmittags um vier sein, acht Schilling ab zehn und zwölf ab Mitternacht.

Hinter den fried- und freundlich gewordenen Wällen ist Hamburg noch immer eine mittelalterlich wirkende Stadt mit 140 656 Einwohnern in 220 Straßen, von denen die meisten so krumm und eng sind, daß zwei Wagen nicht aneinander vorbei können und Fußgänger oft Mühe haben, einem einzigen auszuweichen. Zur Mitte hin sind die meisten Straßen vertieft. Dort sammelt sich der Dreck. Siele sind unbekannt, Wasserleitungen aus Holz haben nur wenige Häuser. Die Fleete sorgen mit Ebbe und Flut für Be- und Entwässerung.

Die Stadt ist in fünf Kirchspiele eingeteilt: Petri, Nikolai, Katharinen und Jakobi bilden die Altstadt, Michaelis die Neustadt. Sie ist an Fläche und Bevölkerung so groß wie die anderen Kirchspiele zusammen. Die Mehrzahl der Bevölkerung haust in ebenerdigen „Buden", in „Sählen" im Obergeschoß, in Kellern, in „Höfen" und „Gängen". In einem einzigen Hof der Neustadt gibt es oft bis zu 50 oder 60 Wohnungen.

Natürlich gibt es auch einige Prachtstraßen. Den Jungfernstieg zum Beispiel. Er hat „Kopenhagener Pflaster" aus abgeplatteten Quadersteinen. Zwei Reihen Bäume geben tagsüber Schatten und zwei Reihen Öllaternen abends Licht. Und es gibt den Neuen Wall und den Wandrahm und die Catharinenstraße, wo die Reichen wohnen und wo sonnabends die Mägde die Straße mit Seife und Wasser schrubben. Manche der Reichen wohnen auch außerhalb der Stadt in Landhäusern. Baron Caspar Voght hat gerade sein Mustergut Flottbek an den Bausenator Jenisch verkauft, der es in einen Park umwandeln läßt.

Hamburg ist nach London und Amsterdam der wichtigste Handelsplatz und dabei, weltweite Verbindungen zu knüpfen, die durch Napoleons Kontinentalsperre und Englands Vormacht zur See arg darniederlagen.

Seit 1825 gibt es die „reguläre Packetfahrt" nach England und Holland, seit diesem Jahr 1828 segeln Schiffe regelmäßig nach Nordamerika, und gerade hat Syndikus Karl Sieveking

für die Hansestädte einen Handelsvertrag mit dem Kaiserreich Brasilien abgeschlossen.
Zu Lande ist das Reisen beschwerlicher und immer noch ein Privileg weniger. Die Postkutsche vom Gänsemarkt nach Berlin braucht 36 Stunden. Wer nach Hannover will, muß erst mal sehen, wie er über die Elbe kommt, denn eine Brücke gibt es nicht.

Die Franzosen hatten außerhalb der Stadt alles niedergebrannt, um Schußfeld zu schaffen. Allmählich entstehen aber wieder neue und schöne Ausflugsziele. Zum Andreasbrunnen in Eppendorf führt ein breiter, aber schwerbefahrbarer Sandweg. Zum Heußhof und zur „schönen Marianne" in Eimsbüttel gelangt man leichter. Bei Rainville am Elbhang ißt man wieder so gut wie vor der Franzosenzeit, und auf dem Hamburger Berg gibt es Schaubuden und allerhand Rummel für Einheimische und Matrosen.
Die Winter sind lang und kalt. Besonders dieser von 1828 auf 1829. Die Elbe ist hundert Tage lang fest zugefroren. Warmbier- und Grogzelte von dem Vorsetzen bis Blankenese laden die Gäste der Schlittenpartien zur Rast ein.
Im Mai 1827 ist das Neue Stadttheater an der Dammtorstraße eingeweiht worden. Daneben gibt es ein „Zweites Theater" in der Steinstraße, in dem man Ritter- und Räuberspektakel spielt. Friedrich Ludwig Schmidt, der Direktor des Stadttheaters, schreibt in seinen Erinnerungen: „Damals in Hamburg schien es so, als lebe der Mensch vom Brot allein, und als sei der belebende, ideale Hauch, der durch den Mund Gottes gehet, unsinnig, verwerflich und lächerlich. War man doch taktlos genug, mir oft ins Gesicht zu sagen: Der Kaufmann erhält die Welt, von ihm hängen alle Stände ab. Ohne Geld können auch keine Schauspieler sein. Und überhaupt – nach den Künsten, da kommt nichts nach."
Und dennoch: es gab ein paar Leute, die nicht einmal davor zurückschreckten, einen „Philharmonischen Verein" zu gründen.

„Grund, Friedr. Wilh. Tonkünstler, außerhalb des Dammtores, im zweyten neuen Hause des Herrn Fontenay" (Eintragung im Hamburger Adreßbuch von 1828)

Im Gründungsprotokoll vom 9. November 1828 heißt es: „Es wird ein Verein zur Aufführung von Winterkonzerten beabsichtigt, wofür durch Subskription die Teilnahme eines geschlossenen Zirkels gewonnen werden soll. Der Zweck des Vereins wird auf Aufführungen von Symphonien und den ausgezeichnetsten Ouvertüren durch Musiker gerichtet sein, und zugleich hiesigen und auswärtigen Künstlern Gelegenheit bieten, sich vor einem gebildeten Publikum hören lassen zu können."
Wo die Gründungsversammlung stattgefunden hat, läßt sich mit Sicherheit nicht

Auf der Bleiche des ehemaligen Klosters Herwardeshude baute Herr Fontenay seine neuen Gartenhäuser und pflanzte Alleen

mehr feststellen, aber vieles spricht dafür, daß es in der Wohnung Friedrich Wilhelm Grunds geschah, von dem das Adreßbuch von 1828 sagt, daß er „außerhalb des Dammtores im zweiten neuen Hause des Herrn Fontenay" wohnte.

Der 37jährige Grund war der einzige Musiker unter den vier Gründern. Er hatte 1819 auch schon zu den Gründern der „Gesellschaft der Freunde des religiösen Gesangs", der späteren Hamburger Singakademie, gehört und war seitdem ihr Leiter gewesen. Seit seinem zwölften Lebensjahr gab Grund (wie seine neun musikalischen Geschwister) öffentliche Konzerte, seinen Lebensunterhalt verdiente er als sehr geschätzter Gesang- und Klavierlehrer.

Die anderen Gründungsmitglieder hießen: Oberst Stockfleth, Dr. Trummer und Dr. Busch. Letzterer hatte es übernommen, eine Liste der Musikfreunde in Hamburg aufzustellen. Ihnen wurden die Subskriptionslisten zur Zeichnung vorgelegt. 500 Abonnements waren schnell beisammen. Das war die Kapazität des Apollo-Saales an der Drehbahn. An die Gründung eines eigenen Orchesters dachte noch niemand. Es sollte für das jeweilige Konzert aus Mitgliedern des Stadttheater-Orchesters und freien Berufsmusikern rekrutiert werden. Als „Vorspieler" wurde der Konzertmeister Joseph

Erstes Privatconcert

im

APOLLO-SAALE

am Sonnabend den 17. Januar 1829.

Erster Theil.

1. Symphonie aus C mol von L. van Beethoven.
2. Recitativ und Arie von Rossini, vorgetragen von Madame *Kraus-Wranitzky.*
3. Concertino für die Clarinette von Louis Maurer, vorgetragen von dem Königl. Hannöverschen Kammervirtuosen Herrn *Seemann.*

Zweiter Theil.

1. Ouverture von Cherubini.
2. Cavatine von Nicolini, vorgetragen von Dem. *Constanze Tibaldi.*
3. Variationen für die Clarinette von Jwan Müller, vorgetragen von Herrn *Seemann.*
4. Duett von Rossini, vorgetragen von Madame *Kraus-Wranitzky* und Dem. *Constanze Tibaldi.*

Programm des ersten „Privatconcerts"

Rudersdorff für 12 Mark pro Abend gewonnen. Das Protokoll verzeichnet auch die Kalkulation. Je Konzert wurden veranschlagt: Lokal = 150 Mark; Orchester, bestehend aus 40 Musikern zu je 7 M. und 8 Schilling inklusive Instrumententräger = 350 M. Solisten und Sänger = 450 M., Direktion = 200 M. Druckkosten, Lohnbediente, Kutscher, Polizei = 150 M. Alles zusammen 1300 Courant Mark.

Das erste Konzert fand am 17. Januar 1829 statt. Die damals in Deutschland maßgebende „Leipziger Allgemeine Musikalische Zeitung" nahm von ihm so wenig Notiz wie von der Gründung des Vereins. Auch die Hamburger Presse brachte in dieser ersten Saison weder Besprechungen noch Ankündigungen. Es mußte sich erst herausstellen, daß hier mehr geschehen war als die Gründung eines weiteren Musikzirkels, derer es auch in Hamburg mehrere gab.

In den 34 Jahren bis 1863, in denen Friedrich Wilhelm Grund „Gründungsdirigent" blieb, erbrachte er den Beweis: Er versuchte, mit der damaligen Unsitte aufzuräumen, Symphonien nur in Bruchstücken zur Umrahmung von Virtuosenleistungen zu benutzen. Er setzte alle Beethoven-Symphonien aufs Programm. Die Fünfte wurde fester Bestandteil jeder Wintersaison.

Sie war jung, sie war schön und sehr talentiert. 1825, mit 16 Jahren gab Clara Wieck, von Grund für die Philharmonie gewonnen, ihr erstes Klavierkonzert in Hamburg. Bis in die 80er Jahre blieb sie, allein oder mit ihrem späteren Mann Robert Schumann, bewunderte Solistin der philharmonischen Konzerte und sorgte stets für volle Säle. Gleich bei ihrem ersten Auftreten, bei dem sie neben zwei Etüden und der fis-moll-Mazurka des bereits berühmten Chopin auch ein unbedeutendes Klavierstück eines unbekannten Komponisten zum Besten gab, schrieb ein begeisterter Kritiker: ,,Freilich,

Zeitgenössische Karikatur auf Hamburger Enthusiasten

wenn Clara Wieck spielt, wenn man sich nicht genug wundern kann, wie sie das Gewöhnlichste akzentuiert und mit ihrem Seelenhauch belebt, wie groß ihre Freiheit im Schwierigsten, wie großartig der Anschlag, wie schön geperlt und wie unendlich deutlich ihre Passagen sind, so läßt man sich, von der Meisterin verstrickt, auch die schwächeren Kompositionen gefallen.‘‘

Clara Wieck zur Zeit ihres ersten Konzerts in Hamburg

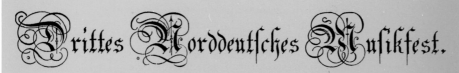

Drittes Norddeutsches Musikfest.

Hamburg, vom 2. bis 8. Juli 1841.

───────◆───────

Verzeichniß der Mitwirkenden, Ehrengäste ꝛc. ꝛc.

welche an demselben Theil genommen haben.

────

Direction.

Herr Hof-Kapellmeister **Dr. Friedrich Schneider** aus Dessau.
„ Kapellmeister **Krebs** aus Hamburg.
„ Musikdirector **F. W. Grund** aus Hamburg.
~~Concertmeister:~~ Herr Musikdirector **Herrmann** aus Lübeck
„ „ **C. Haffner** aus Hamburg.

────

Instrumental-Solisten.

Herr **Franz Lißt**, Pianist, aus Paris. | Herr **Queisser**, Posaunist, aus Leipzig.

────

Gesang-Personal.
Solisten.

Sopran.
Madame **Duflot-Maillard** aus Mailand.
„ **Schröder-Devrient** aus Dresden.
Fräulein **Hedwig Schulze** aus Berlin.
Alt.
Madame **Müller** aus Braunschweig.

Tenor.
Herr **Otto** aus Lübeck.
„ **H. Schäffer** aus Hamburg.
Baß.
Herr **A. Fischer** aus Berlin.

Hat Hamburg in Hinsicht des Geschmacks, der Kunst und Wissenschaft sonst hin und wieder einige philosophische Bemerkungen erfahren müssen; wahrlich, dieses Fest wird ihm im ganzen deutschen Lande eine gerechte, schmeichelhafte Anerkennung verschaffen . . . Diese Julitage sind für Hamburg Epoche." Nicht weniger verspricht die Programmschrift von 1841.

Die Zeit der Musikfeste war angebrochen. Am Rhein und in Thüringen hatte sie begonnen und ließ Norddeutschland nicht ruhen. Lübeck gab den Anstoß. 1839 hatte es das 1. Norddeutsche Musikfest veranstaltet, Schwerin 1840 das zweite. 1841 war Hamburg an der Reihe.

70 000 Mark Courant brachte die Stadt auf, damit „das Hamburger Musikfest eines der größten und glänzendsten werde, das jemals in Deutschland gefeiert worden ist."

Nicht nur wegen dieses Anspruchs, nicht nur wegen der Originalität der erhaltenen Bilder, sondern wegen des maßgeblichen Anteils der Philharmonischen Gesellschaft sei ihm auch in diesem Buch gebührender Platz eingeräumt. Das Programm reichte von Beethoven bis Grund. Zu Ehren des inzwischen zum „einheimischen Musikpapst" avancierten Friedrich Wilhelm Grund, der das geistliche Konzert des dritten Tages dirigierte, nahm man auch seine „Auferstehung und Himmelfahrt Jesu" (Chor und Terzett) ins Programm.

Insgesamt wirkten 637 Künstler mit, davon 248 von auswärts. Zur Aufführung von Händels

Die Michaeliskirche schuf den festlichen Rahmen zur Aufführung von Händels Oratorium „Messias" mit 554 Mitwirkenden

*Am Westende des Glockengießerwalls war die
Festhalle errichtet worden. Im Hintergrund rechts
die Jakobikirche*

„Messias" in der Michaeliskirche wurden 392
Sänger und 162 Musiker aufgeboten. Für Beethovens „Eroica" bestand das Orchester sogar
aus 180 Musikern, und anschließend spielte der
„Erste Pianist des Jahrhunderts" (so steht es im
Festprogramm) Franz Liszt Beethovens Phan-
tasie für Piano und Chor. Da reichte die Michaeliskirche nicht mehr aus.

Am Glockengießerwall hatte man eigens eine
hölzerne Festhalle errichtet: 240 Fuß lang, 100

Fuß breit, 45 Fuß hoch, beleuchtet von 45
Kronleuchtern und geschmückt mit den Namen
der berühmtesten Tonkünstler. 5000 Zuhörer
hatten in ihr Platz – und sie kamen auch. Das
hieß: man hatte nicht nur die „gebildeten Kreise", sondern auch das Volk aufgeboten, und
man bot ihm, was ihm noch nie geboten worden
war: eine Elbfahrt auf geschmückten Dampf-
schiffen „mit Liedersang und Hörnerklang",
ein Tivolifest „in sich begreifend Collation

(Mahlzeit), Theater und höchst brillantes Feuerwerk", eine Alsterfahrt in illuminierten Gondeln, „verbunden mit einer Collation in einem feenhaft erleuchteten schwimmenden Palast auf der Alster". Auch die Häuser rund um das Alsterbecken waren „illuminiert".

Vom 4. bis 6. Juli dauerte die „Epoche". Dr. B. Avé-Lallemand faßte den Erfolg in zeitgenössischem Pathos so zusammen: „Wie unendlich viel hatte das Herz so tief, so innig, so mächtig bewegt! Wie Viele, die im gewohnten Leben fremd und kalt aneinander vorübergegangen waren, hatten sich bei diesem Walten der Kunst plötzlich erkannt und waren einander gerecht geworden und hatten sich liebgewonnen! Mit diesem Reichtum im Herzen ist das Scheiden nicht schwer, das Leben nicht alltäglich und eintönig, die Menschen nicht gleichgültig. Denn vom Leben, von dem Menschen hat das Herz diesen Reichtum gewonnen."

5000 Zuhörer faßte die Festhalle. Hamburg wollte alles überbieten, was man an Musikfesten bisher erlebt hatte

Mit Papierlaternen geschmückt, umkreisten Hunderte von Booten den auf Schuten errichteten Inselpavillon. Auf den Dächern der Häuser rund um die Alster brannten bengalische Feuer. Mit zwölf Kanonenschlägen endete das Fest um ein Uhr nachts

Genauso alt wie die Philharmonische Gesellschaft ist das Hamburg-Lied „Heil über dir,
Hammonia", von Methfessel und Bärmann.
Auf der Elbfahrt nach Blankenese und zurück
erklang es besonders oft.

Blick auf das brennende Hamburg mit Alter Börse, Kran und Rathaus im Mittelpunkt des Bildes. Alle diese Gebäude wurden zerstört

Vom Rödingsmarkt bis zu den Langen Mühren und von der Deichstraße bis zum Jungfernstieg stand alles in Flammen. 83 Stunden lang brannte Hamburg. Die Petrikirche brannte aus, St. Nikolai stürzte in sich zusammen, das Rathaus mußte gesprengt werden. Fast 20 000 Menschen wurden obdachlos. Wie durch ein Wunder gab es nur 51 Todesopfer.

In der Deichstraße war in der Nacht zum 5. Mai 1842 das Feuer ausgebrochen, und ein kräftiger Westwind trieb es schnell in die Stadt. Die engen Straßen hinderten die Feuerwehren am wirkungsvollen Einsatz. Die Fleete waren durch herabstürzende, noch brennende Gebäudeteile unpassierbar geworden.

Als der Brand am 7. Mai seinen Höhepunkt erreichte, feierte wenige hundert Schritt von der Flammenhölle entfernt in einem der verschonten Gänge der Neustadt ein kleiner Junge seinen neunten Geburtstag: Johannes Brahms.

Dieses Ruinenbild von F. Stelzner gilt als erstes „News-Foto" der Welt

Im Hotel Stadt London in der Dammtorstraße gab Franz Liszt ein Konzert. Der dänische Dichter Hans Christian Andersen war dabei und schrieb darüber: „Liszt ist einer der Könige im Reich der Töne. Der Saal, selbst die Seitenzimmer, schimmerten von Lichtern, goldenen Ketten, Diamanten . . . Solide Hamburger Kaufleute standen aneinandergemauert, als wäre es ein wichtiges Börsengeschäft, das hier verhandelt werden sollte. Es schwebte ihnen ein Lächeln um den Mund, als hätten sie Papiere gekauft und unglaublich daran verdient . . .“ Liszt war damals wohl nicht nur einer der Könige, sondern der König schlechthin. Er war der gefeierteste Virtuose der Welt und vielleicht sogar aller Zeiten. Schon vor dem Norddeutschen Musikfest hatte man ihn in Hamburg gehört. 1840, der 29jährige „König" stand im Zenith seiner Laufbahn, gab er in Hamburg sechs Konzerte. Es war das Jahr, in dem man ihm in Budapest einen Ehrensäbel überreichte, in dem er sich in seiner ungarischen Heimat von Stadt zu Stadt bejubeln ließ, in dem aber auch Wien, Prag, Dresden, Leipzig, Metz, Paris, London, Brüssel, Frankfurt, Mainz, Bonn und viele andere Städte auf seinem ruhelosen Programm standen.

Geld. Er hatte es und gab es mit vollen Händen aus, nicht nur, um wie ein Fürst zu leben. Als er erfuhr, daß Bonn die Mittel für ein Beethoven-Denkmal nicht aufbringen konnte, übernahm er die Kosten. Als er von den finanziellen Sorgen der Hamburger Orchestermusiker hörte, übergab er die Einnahme seines Konzertes vom 10. November 1840 (2266 Courant Mark) dem Senator Dammert zur Gründung eines „Pensions-Vereins". Der Verein trug fortan seinen Namen.

Die Hamburger dankten es ihm schlecht. Während die ganze Welt sich dem Taumel der Lisztomanie hingab, vornehme Damen gar seine Zigarrenstummel verzückt im Ausschnitt aufbewahrten, konnten nur die Londoner und die Hamburger seine Starallüren, seinen aus-

Franz Liszt, ungefähr 30 Jahre alt

schweifenden Lebenswandel, seine Besessenheit nicht ertragen, und mancher Künstler und Kritiker erhob zum musikalischen Thema, was eigentlich nur eines der persönlichen Abneigung war.

Ein anonymes Pamphlet kreiste in Hamburg: „Wir sind zu schlau, man fängt uns nicht durch Liszt!/Ein Mensch wie wir, ein simpler Pianist,/verlangt vom alten Hamburg dünkelvoll,/daß es Verehrung, ihm, dem Knaben, zoll/–Wir hörten Dreyschock und die Clara Wieck/und fühlten, daß des Künstlers heil'ge Glut/nicht in wahnsinn'ger Arroganz beruht." Schade, diese Abneigung, der sich auch einflußreiche Persönlichkeiten anschlossen, verhinderte, daß Franz Liszt eine große Rolle in der Geschichte der Hamburger Philharmonie spielt. Er kam nur noch ein einziges Mal nach Hamburg. Das war nach dem Großen Brand. Seine Konzerteinnahmen stellte er den Opfern der Katastrophe zur Verfügung.

So sah der Zeichner Theodor Hosemann die in ganz Europa grassierende Lisztomanie

Was die Hamburger Franz Liszt nicht zugestehen wollten, legten sie Jenny Lind hemmungslos zu Füßen: an Anbetung grenzende Bewunderung. Am 29. März 1845 sang die 24jährige „schwedische Nachtigall" erstmalig in der Oper. Polizei mußte die Zugänge des Stadttheaters schützen. Jenny Lind bekam 40 Louisdor (560 Mark) für ihren Auftritt als „Norma" (Bellini). Im nächsten Jahr kam sie wieder, dieses Mal für 16 Vorstellungen zu je 100 Louisdor (1400 Mark), was einem guten Jahres-Durchschnitts-Einkommen entsprach. Dieses Mal gab es ihr zu Ehren einen Fackelzug zu ihrem Hotel und ein Feuerwerk auf der Alster. Ein zeitgenössischer Bericht liest sich so: „Die Caffee-Häuser, die Bureaus, die Comptoire, alles war lindiert. Alle Temperamente waren verwandelt. Die Phlegmatiker schwitzten Entzücken, die Sanguiniker wurden melancholisch, die Philosophen vergaßen ihre Systeme, die Theologen hielten begeisterte Reden. Alle Elemente sind in Gärung und die deutschen Sprachforscher werden um eine Sen-

Jenny Lint: „Die schwedische Nachtigall"

dung neuer Adjektive gebeten, denn die alten sind von den Enthusiasten gänzlich aufgebraucht."

Über die Satire mag man lächeln. Vielleicht auch noch über den die Lind verliebten Märchendichter Andersen, mit dem sie in Hamburg Brüderschaft trank und der niederschrieb: „Man fühlt bei ihrem Auftreten, daß es ein heiliges Gefäß ist, worin der heilige Trank uns gereicht wird. Durch Jenny Lind habe ich zuerst die Heiligkeit der Kunst empfunden." Aber Grillparzer sagte ähnliches: „Hier ist nicht Körper, kaum noch Ton – ich höre Deine Seele." Und Felix Mendelssohn-Bartholdy: „Mir ist im Leben keine so edle, so echte, so wahre Künstlernatur begegnet. Sie ist eine der größten Künstlerinnen, die je gelebt haben."

Johannes Brahms hatte sie als Jüngling in Haydns Schöpfung gehört. Wann immer er später die Partitur aufschlug, erschienen ihm die von Jenny Lind gesungenen Stellen „wie in Goldglanz".

Jenny Linds Opernkarriere war kurz. Sie hatte im Januar 1845 in Berlin begonnen und endete bereits 1851. Von da an trat sie nur noch als Konzertsängerin auf. Und der „Goldglanz" materialisierte sich. Von einer einjährigen Amerikatournee kam sie mit mehr als drei Millionen Dollar nach Europa zurück.

Friedrich Wilhelm Grund war schon über 60. Vielleicht war er zu konservativ, um einen solchen Weltstar zu einem philharmonischen Konzert zu bitten? Vielleicht war sie ihm „zu teuer"?

Aber dann kam sie doch, mit 46 schon nicht mehr die strahlende Jugend, aber immer noch die überzeugende Stimme. Grund war 1863 mit 72 Jahren abgetreten, und Jenny Lind hatte den Hamburger Pianisten Otto Goldschmidt geheiratet. Goldschmidt leitete 1866 zusammen mit Grunds Nachfolger Julius Stockhausen ein dreitägiges Musikfest, und Jenny Lind sang als Sopransolistin in Händels „Messias" in der Michaeliskirche und in Händels Cäcilienode in Sagebiels Konzertsaal.

„Wir sind beglückt, wir sind entzückt, die Lind hat uns den Kopf verrückt"

selbst schon veranstalten, ist es mir allerdings nicht möglich jetzt, in ich bald wieder eine Reise nach dem Süden anbreten will, für die Zeit nach dieser Reise schon irgend eine Zusage zu geben, und ich werde heute mehr für die Leitung

Brief vom 12. März 1847: „. . . ist es mir allerdings nicht möglich . . . für die Zeit nach meiner Reise irgendeine Zusage zu geben . . .“

Felix Mendelssohn-Bartholdy. *Links: Mendelssohns Geburtshaus Ecke Michaelis- und Brunnenstraße. Rechts: die 1843 erbaute Tonhalle am Neuen Wall, Ecke Bleichenbrücke*

In der Hamburger Neustadt wurde Felix Mendelssohn-Bartholdy am 2. Februar 1809 geboren. Zwei Jahre später flohen die Eltern vor den Franzosen nach Berlin. Seine Kompositionen waren seit 1831 fester Bestandteil der philharmonischen Konzerte, nur er selbst kam nicht in seine Heimatstadt. Endlich, 1847, schien es doch soweit. Singakademie und Philharmonie baten ihn, die Erstaufführung seines „Elias" am 16. Oktober in der neuen Tonhalle selbst zu leiten. Mendelssohn mußte absagen. Seine angegriffene Gesundheit als Folge jahrelanger Überanstrengung zwang ihn zu einer Reise in den Süden. 19 Tage später starb er in Leipzig am 4. November 1847, nur 38 Jahre alt.

Hamburg 1847: Eine Gruppe Kaufleute gründet die „Hamburg-Amerikanische Packetfahrt-Actiengesellschaft" (Hapag). Unter den Gründern befinden sich die Herren Merck, Godeffroy, Laeisz, Bolten. Kapital: 60 Aktien zu je 5 000 Mark Banko. Erstes Schiff: Segler „Deutschland", 538 BRT.

Hans von Bülow, Pianist, Komponist und Dirigent, um 1854, mit 24 Jahren noch am Anfang seiner großen Karriere

Die Schumanns" kamen 1850 zum erstenmal nach Hamburg. Clara, geborene Wieck hatte hier schon als 16jährige Pianistin Triumphe gefeiert. Jetzt spielte sie ein Klavierkonzert ihres Mannes, während Robert Schumann die Ouvertüre seiner gerade fertiggestellten Oper „Genoveva" dirigierte. Die Vollendung dieser Oper hatte den depressiven Komponisten endlich etwas von dem Gefühl befreit, es sei nur seine Frau, der der Beifall bei ihrem gemeinsamen Auftreten galte. In Hamburg wirkte zu jener Zeit der „erste Geiger des Reiches" Joseph Joachim oft in den philharmonischen Konzerten mit. Er machte die Schumanns auf den noch sehr jungen Komponisten Johannes Brahms aufmerksam. Zwischen den Schumanns und Brahms entstand eine Künstlerfreundschaft, die für Clara noch lange über das Jahr 1856 hinauswirkte, als Robert in geistiger Umnachtung starb und sie mit sieben Kindern zurückließ.

Hamburg 1851: Robert M. Sloman eröffnet die erste transatlantische Dampferlinie unter deutscher (hamburgischer) Flagge. An Bord der „Helene Sloman" befindet sich bei der ersten Überfahrt der Klavierbauer Heinrich Steinweg, der in New York die Piano-Fabrik Steinway gründet. – Pastor Heinrich Sengelmann gründet die Alsterdorfer Anstalten.

Mit Hans von Bülow bekam der Begriff „Dirigent" eine neue Bedeutung. Vor ihm hatte einer der Musiker, oft der Komponist, das Orchester geleitet, Hans v. Bülow beherrschte es. Fortan nahm sich der große Dirigent die Freiheit der Interpretation eines Werkes. 1854 zum erstenmal in Hamburg, dirigierte v. Bülow in einem philharmonischen Konzert Werke seines späteren Schwiegervaters Franz Liszt, der bis dahin in der Hansestadt weitgehend verkannt worden war. Von Bülow heiratete Liszts Tochter Cosima. Neben seiner Dirigententätigkeit war und blieb Hans von Bülow ein bedeutender Pianist.

Robert und Clara Schumann, geborene Wieck, fotografiert 1850 während ihres gemeinsamen Konzerts in Hamburg

Johannes Brahms, 23 Jahre alt, zur Zeit seines ersten Konzerts in der Philharmonie

Am 22. November 1856 tritt der 23jährige Johannes Brahms zum erstenmal in einem philharmonischen Konzert auf. Er spielt ein Klavierkonzert von Schumann. Mit welchen Gefühlen? Es war weit mehr als bewundernde Freundschaft, die der 20jährige bei seiner Begegnung mit Clara Schumann für die 34jährige Künstlerin empfand. Und als Robert Schumann sich 1854 von einer Rheinbrücke stürzte und in die Irrenanstalt Endenich bei Bonn eingeliefert werden mußte, wurde aus seiner Liebe Leidenschaft. Im Juli 1856 war Schumann gestorben, und von Gewissensbissen geplagt, die er gegenüber seinem größten Förderer empfand, löste Brahms die Verbindung zu Clara, mit der er 1855 eine gemeinsame Rheinreise unternommen hatte. Bis an sein Lebensende blieb er einsam. Eine kurze Verlobungszeit in Göttingen war für ihn ohne Bedeutung.

Johannes Brahms kam aus St. Michaelis, dem Stadtteil der armen Leute. Im Specksgang wurde er am 7. Mai 1833 geboren. Sein Vater (Jahrgang 1806) hatte den Sprung aus dem holsteinischen Heide in die große Stadt gewagt. Er war Musiker, Kontrabassist beim Stadttheaterorchester und bei der Philharmonie. Das klingt gut, aber es reichte nicht, eine Familie zu ernähren. Er spielte auch im Alsterpavillon, aber viel öfter noch zum Tanz in den Kneipen von St. Pauli. Und sein Sohn zog mit, begleitete ihn am Klavier. Das war seine Kinderwelt.

Nicht ausschließlich. Der Vater rang sich jeden Pfennig ab, um ihn die Hoffmannsche Privatschule in der ABC-Straße besuchen zu lassen. Und er ließ ihn schon mit sieben Klavierunterricht bei Otto Cossel nehmen.

Mit zehn tritt er zum erstenmal in einem öffentlichen Konzert auf. Ein Agent will das „Wunderkind" auf Amerika-Tournee bringen. Der Klavierlehrer verhindert es, vermittelt ihn statt dessen zu einem berühmteren Lehrer, zu Eduard Marxen. Mit vierzehn wird Brahms Chordirigent in Winsen.

Und dann plötzlich weitet sich 1853 die enge Welt. Der ungarische Geiger Reményi nimmt ihn auf eine Konzertreise mit. In Hannover lernt er Joseph Joachim kennen, in Weimar Franz Liszt und in Düsseldorf die Schumanns. Und kurz darauf schreibt Robert Schumann seinen Aufsatz „Neue Bahnen", in dem er der erstaunten Musikwelt Brahms als den kommenden Meister ankündigt. Überall diskutiert man heiß um den „Schumannschen Propheten", nur in Hamburg, wohin er Ende 1853 zurückkehrt, nimmt man kaum Notiz von ihm. Nicht einmal Hans von Bülow, der am 1. März 1854 in einem Konzert den ersten Satz von Brahms C-Dur-Sonate spielt, schafft den Durchbruch.

Hans-Wilhelm Kulenkampff argwöhnt in einem Aufsatz von 1937 über das unerschöpfliche Thema „Brahms und Hamburg", daß die Hamburger Gesellschaft einfach nicht bereit war, den Musikanten aus dem Gängeviertel zu akzeptieren. Aber auch: „Die konservative Haltung der führenden Musikvereinigungen entsprach dem Wunsch eines Publikums, das sich im Umkreise des klassischen Gutes genüge tat und Neuheiten nur dann willig aufnahm, wenn sie ihm im virtuosen Gewande oder von virtuosen Kräften geboten wurden."
Schumanns Prophetie war wohl auch verfrüht gewesen. Noch hatte Brahms weder als Komponist noch als Virtuose ein breites Publikum überzeugen können.
Der Konzertveranstalter Georg Dietrich Otten nahm Brahms 1855 in seinem Hause in der noch grünen Vorstadt St. Georg auf und ließ ihn in seinen Privatkonzerten auftreten. Daß Brahms weniger den Beifall der Abonnenten als der wirklichen Kenner erhielt, berührte ihn nicht. 1859 spielt Brahms in einem philharmonischen Konzert zum erstenmal ein eigenes Werk, und 1861 wirkt er in Beethovens Triplekonzert mit. Er wohnt jetzt in der Schwarzen Straße in Hamm, komponiert für einen Frauenchor Volks- und Marienlieder und arbeitet an verschiedenen größeren Werken. Die große Enttäuschung aber bringt das nächste Jahr.

Mutter Johanna, geborene Nissen, stammte aus Tondern. Der Vater (unten), Johann Jakob Brahms, war aus Heide in Holstein zugewandert

Das Geburtshaus des Komponisten im Specksgang

Ein Jugendbildnis, Brahms 20jährig

Freunde: Stockhausen und Brahms. Stockhausen hätte die Leitung der Philharmonie gerne dem Jüngeren überlassen

Clara Schumann, von F. v. Lenbach gemalt

Grund war alt geworden. Die Philharmonische Gesellschaft brauchte 1862 einen neuen künstlerischen Leiter. Brahms machte sich Hoffnungen, aber er wurde gar nicht in Erwägung gezogen. Den Posten bekam Julius Stockhausen (36). Er war als Sänger eingängiger Lieder zweifellos bekannter als Brahms. Stockhausen und Brahms waren befreundet. Stockhausen sah eine Chance darin, Brahms als Hilfsdirigenten zu beschäftigen und, wenn der Freund Gefallen an der Tätigkeit finden sollte, selbst zurückzutreten. Brahms ging darauf nicht ein. Er zog sich nach Wien zurück. Stock-hausen war nun Leiter der Philharmonie und der Singakademie, er blieb außerdem freier Konzertsänger, veranstaltete eigene Konzerte und leitete eine Musikschule. In die Philharmonie brachte er frischen Wind. Es gelang ihm, die Musiker so mitzureißen, daß Clara Schumann unter Tränen gestand, die 2. Symphonie ihres Mannes noch nie so gehört zu haben. Aber Stockhausens vielfältige Verpflichtungen standen in keinem Verhältnis zum wirtschaftlichen Ertrag. Nach fünf erfolgreichen Jahren trat er 1867 zurück.

Clara Schumann an Johannes Brahms, Hamburg, d. 20. Jan. 1864: „. . .Jetzt komme ich der Musik halber nach Hamburg, und bleibe so lange, als nöthig, früher kam ich Deinetwegen und blieb so lange als möglich! Das hast Du doch nicht vergessen? Das musikalische Leben hat nun allerdings einen großen Aufschwung genommen durch Stockhausens unermüdliches Arbeiten, denn harte Arbeit hat er, namentlich mit dem Chor, wobei es nicht den Damen, aber den Herren sehr an Stimme und gutem Willen (d. h. was den Besuch der Proben betrifft) gebricht. Deine Sache wäre ein solches Einstudieren nicht, wohl kaum irgend eines schaffenden Künstlers. Schön war es aber gestern und Du möchtest wohl bei der Schlußszene aus Faust einige Wonne empfunden haben, denn es war, was Chor und Orchester betraf so vollendet, wie ich es nur je gehört! Die Soli waren von Dilettanten besetzt, dafür ganz gut, Stockhausen sang aber göttlich schön, so durchgeistet jedes Wort und jeder Ton, daß mich's immer durchschauerte. Ich dachte recht Deiner und wie ich es Dir zu hören wünschte . . .“

1866 eröffnete die Pferde-Eisenbahn-Gesellschaft ihre erste Linie nach Wandsbeck, damals noch mit „ck" geschrieben

Wörmers Conventgarten, Fuhlentwiete

Aus Robert Geisslers „Führer durch die Stadt und ihre Umgebungen" von 1861: Weder an Zahl noch im Ganzen an Bedeutung stehen die musikalischen Leistungen Hamburgs im Verhältniß zur Größe der Stadt. Einzelnen vortrefflichen Leistungen und zahlreichen Konzerten von mittler Bedeutung, sowie einer Anzahl von Singakademien, Vereinen u.s.w. soll damit keineswegs zu nahe getreten werden, denn die zum Theil vortrefflichen einheimischen Kräfte, sowie ein fast ununterbrochenes Gastiren auswärtiger namhafter Virtuosen thun das Ihrige; aber zu musikalischen Korporationen, wie solche in Berlin, Dresden, ja sogar in Hannover in den Hofkapellen bestehen, fehlt es eigentlich. Das Orchester des Stadttheaters kommt durch beständiges Kontraktkündigen und Neuengagiren nicht zur Ruhe. Das kleinere des Thaliatheaters hat eben nicht den Umfang, auch keine Gelegenheit zu ganz großen Produktionen. Das Hohnroth'sche, Kleinmichel'sche Orchester und andere sind von mittler Leistungsfähigkeit, und nur die Fürstenow'sche Kapelle zeichnet sich in jeder Hinsicht aus, namentlich aber durch präcises Zusammenspiel.

Die philharmonischen Konzerte führen während der Wintermonate oft Leistungen großer auswärtiger Künstler vor, und der Bach'sche, Otten'sche und Scheller'sche Gesangverein bringen Oratorien u. s. w. zur Aufführung. Die besten Konzertlokale sind Wörmer's Conventgarten und die Tonhalle, welcher übrigens ein Umbau bevorsteht; auch in akustischer Beziehung und an Größe ausgezeichnet der Apollosaal. Letzterer dient jedoch jetzt fast ausschließlich als Tanzlokal. Gartenkonzerte der besseren Art werden von den genannten Kapellen der Herren Fürstenow, Kleinmichel, Hohnroth und anderen ausgeführt. Über die gewöhnliche Unterhaltungsmusik siehe Zwölftes Kapitel.

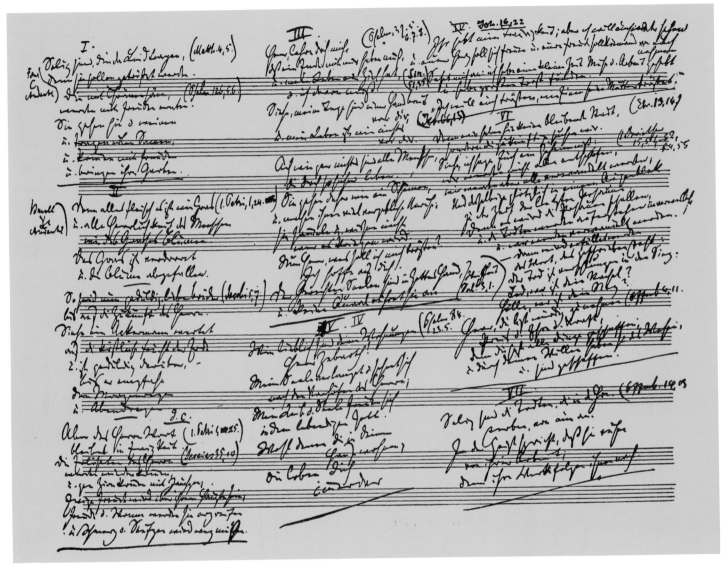

Brahms eigenhändige Textnieder-schrift des „Deutschen Requiems". Es beginnt mit einem Vers der Bergpredigt: . . .Selig sind, die Leid tragen"

Brahms Mutter starb 1865. Das veranlaßte den Komponisten, die Arbeit an dem schon 1861 begonnenen „Deutschen Requiem" wiederaufzunehmen. Erst im Mai 1868 vollendete er sein reifstes und vollkommenstes Chorwerk.

Einzelne Sätze waren schon vorher in Wien und Bremen aufgeführt worden, das vollständige Werk aber erst am 18. Februar 1869 in Leipzig. Und nur wenige Wochen später, am 23. März 1869, erklang es in einer gemeinsamen Aufführung von Singakademie und Philharmonie in der Hamburger St. Michaeliskirche. Die musikalische Totenmesse ist ein katholischer Brauch. Brahms schuf die protestantische Ausnahme.

Neuer Chef: Julius von Bernuth (37)

Julius von Bernuth gelang es 1873, eine Vereinigung der Singakademie mit der Philharmonischen Gesellschaft zu erreichen, so daß fortan zwei der drei Abonnementskonzerte der Akademie gemeinsam mit der Gesellschaft gegeben wurden. Das war erst durch den Ausbau des Wörmerschen Conventgartens durch den späteren Rathausarchitekten Martin Haller (1871) möglich geworden. In seiner bisherigen Form hatte er zu wenig Plätze gehabt. Die Eintrittskarten waren dadurch zu teuer, der Andrang zu groß, Chöre konnten nicht aufgestellt werden. Der Conventgarten blieb das Haus der Philharmonie bis zum Bau der Musikhalle. Ein anderes Problem war noch schwieriger zu lösen. Alle großen Städte hatten bereits ihre stehenden philharmonischen Orchester. Da man sich in Hamburg auf sechs Konzerte je Winter beschränkte, mußten die Musiker sich bei Konkurrenzveranstaltern verdingen, öfter noch als Kaffeehaus- oder Tanzmusiker.

Hamburg 1874: Mit dem Ende dieses Jahres wird die hamburgische Währung abgeschafft. An die Stelle der Mark Courant zu 16 Schillingen zu je 12 Pfennigen tritt die Reichswährung: eine Mark zu 100 Pfennigen.

Wer sollte Stockhausens Nachfolger werden? Brahms nicht. Vielleicht wollte er jetzt gar nicht mehr, aber man fragte ihn auch nicht. Stockhausen schlug den vielversprechenden 29jährigen Komponisten Max Bruch vor. Man entschied sich für den Rheinländer Julius von Bernuth (37), der vom Leipziger Konservatorium kam. Er blieb 27 Jahre im Amt. Ihm verdankt Hamburg u. a., daß es 1873 endlich ein Konservatorium bekam, das mit 35 Schülern im Hause des Klavierfabrikanten Börs in der Großen Theaterstraße begann. Alle großen Städte hatten eine solche höhere Musikschule längst, in Leipzig, wo es Mendelssohn 1843 gegründet hatte, in München seit 1846, ganz zu schweigen von Paris (1784) oder Londons Royal Academy of Music (1822).

Der große Saal des Conventgartens nach dem Umbau von 1871 durch Martin Haller

Drei Tage lang feierte die Philharmonische Gesellschaft 1878 ihr 50. Stiftungsfest. 113 Orchestermusiker und 460 Sänger wirkten im ersten Konzert mit. Die Hauptattraktion war aber zweifellos, daß Johannes Brahms persönlich seine 2. Symphonie dirigierte. Joseph Joachim spielte die 1. Geige. Die Damen in den ersten Reihen bewarfen Brahms mit Rosen, so daß er aussah wie in seinem Wiegenlied: „ . . . mit Rosen bedeckt, mit Nelken besteckt". Clara Schumann spielte Mozarts Klavierkonzert d-moll „schöner als je". Über die äußere Erscheinung von Brahms heißt es in einem Zeitungsbericht: „Er trägt einen martialischen Vollbart. Er hat sein mildes Pastorengesicht mit dem eines Wallensteinschen Kriegers vertauscht und gleicht jetzt einer seiner Variationen, in der man das Thema nur mühsam erkennt. Es schien jedoch, daß den Damen auf unserem Schiff due Variation ausnehmend gefiel."

Huckleberry-Finn-Autor Mark Twain besuchte Hamburg 1878: Sein Kurzkommentar über unsere Stadt: „Hier trägt jeder saubere Kleider. Die Nicolaikirche ist von außen wundervoll, von innen bei weitem das Häßlichste in Gottes großem Universum."

Hamburg 1878: Sechsunddreißig Jahre nach dem Großen Brand ist nun auch der Turm der Petrikirche wieder errichtet. – Laeisz eröffnet die Linienschiffahrt nach Chile – Auf dem Hansaplatz wird ein Hammonia-Brunnen enthüllt

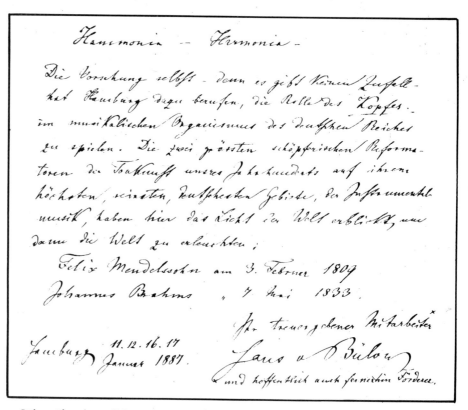

v. Bülow: Postkarten mit eigenem Bild

Rubinstein, Saint-Saens, Paderewski, das sind nur ganz wenige der Größen, die in der Ära von Bernuth persönlich in den philharmonischen Konzerten auftraten. Aber die Philharmonie konnte sich ihrer nicht allein rühmen. Dieselben, und naturgemäß noch mehr, glänzten auch am Stadttheater. Manche musikalische Berühmtheit wurde auch von anderen Konzertveranstaltern nach Hamburg geholt. Zum Existenzkampf wurde die Konkurrenz aber erst, als Hans von Bülow sich 1887 am Alsterglacis 87 für ständig niederließ. Bis 1883 hatte er gelegentlich noch in der Philharmonie mitgewirkt. Dann aber begann er mit der Hofkapelle des Herzogs von Sachsen-Meiningen auf Tournee zu gehen und tauchte mit den „Meiningern" auch mehrmals in Hamburg auf. Ab 1886 veranstaltete er mit dem Orchester des Stadttheaters sechs, später zehn Abonnementskonzerte je Winter und schließlich im Auftrage der Konzertagentur Wolff auch noch Gastkonzerte mit den Berliner Philharmonikern. So groß war der Kreis der ernsthaften Musikliebhaber nicht, um alle diese Konzerte zu füllen. „Man" ging zu v. Bülow und nicht mehr in die Philharmonie. Daß Julius v. Bernuth die Philharmonische Gesellschaft bis über v. Bülows Tod (1893) hinaus durchbrachte, gehört zu seinen größten Verdiensten.

v. Bülow: überschwenglicher Lobpreis Hamburgs in einer Widmung: „Hammonia-Harmonia"

1888: Kaiser Wilhelm II. vollzieht den Zollanschluß Hamburgs ans Reichsgebiet an der Brooksbrücke

„Wir, der Senat der freien und Hansestadt Hamburg urkunden hierdurch, daß Wir im Einvernehmen mit der Bürgerschaft dem im In- und Auslande in Folge seines hervorragenden schöpferischen Genies und edlen Wirkens hochgefeierten Tonkünstler und Componisten,

Herrn JOHANNES BRAHMS,

dem werthen Sohne unserer Stadt, in welcher von Alters her die Tonkunst mit Vorliebe gepflegt wird, und auch Er für seine künstlerische Laufbahn Anregung und erste Ausbildung empfangen hat, - in voller Würdigung seines Künstlerruhms, sowie in Anerkennung seiner der Heimath vielfach bewiesenen Anhänglichkeit, - die höchste Auszeichnung unseres Gemeinwesens:

das Ehrenbürgerrecht der freien und Hansestadt Hamburg,

verliehen haben.

Hamburg, den 14. Juni 1889.

Der Senat der freien und Hansestadt Hamburg.

Der Präsident des Senats.
Carl Petersen
Secretair des Senats.

*„In voller Würdigung seines Künstler-
ruhms . . . die höchste Auszeichnung
unseres Gemeinwesens . . ."*

Hans v. Bülows Einfluß ist es zu verdanken, daß Hamburg Johannes Brahms 1889 zum Ehrenbürger machte. Brahms dankte in einem Telegramm aus Wien: „Das ist das Schönste, was mir von Menschen kommen kann". Stadtarchivar Benecke hatte den Senat vorsorglich darauf hingewiesen, daß man bei den Kosten für die Urkunde bedenken möge, daß sich der Geehrte durch eine Festmusik revanchieren könnte, die zur Einweihung des neuen Rathauses zurechtkäme. Brahms komponierte die „Fest- und Gedenksprüche" op 109 für seine Vaterstadt. Brahms war der 13. Ehrenbürger Hamburgs seit Einführung dieser Auszeichnung im Jahre 1813.

Tschaikowsky, in Hamburg fotografiert. Unten: die Partitur der „Fünften"

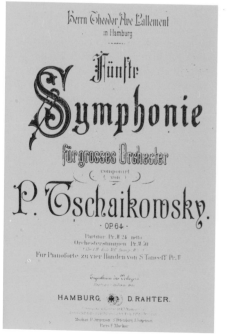

Peter Iljitsch Tschaikowsky fühlte sich in Hamburg wohl. Zwei Tage nach der deutschen Erstaufführung seiner Fünften Symphonie am 15. März 1889 schrieb er an eine Freundin in St. Petersburg: „Die Aufführung war ein großer Erfolg, und hier empfängt mich jeder wie einen alten, lieben Freund." Besonders zugetan war er dem Vorstand der Philharmonischen Gesellschaft, Theodor Avé-Lallemand, dem er die deutsche Partitur seiner erst im Vorjahr vollendeten Symphonie widmete und dem er auf ein in Hamburg entstandenes Foto einen freundlichen Gruß schrieb.

Eine andere für ihn wichtige Bekanntschaft war sein Zimmernachbar im Hotel: Brahms. Man sprach sich freimütig aus. Brahms sagte, daß ihm das Finale der Symphonie nicht gefalle und Tschaikowsky, daß er mit Brahms Kompositionen nichts anzufangen wisse. Aber seine Bewunderung für den Menschen blieb unberührt von dem Mißfallen am Komponisten. Er lud Brahms ein, in Moskau zu dirigieren, und war von dessen Absage ehrlich enttäuscht.

1892 kam Tschaikowsky noch einmal nach Hamburg, um die Erstaufführung seiner Oper „Eugen Onegin" zu dirigieren. Nach wenigen Proben lehnte er ab. Affront oder Mißverständnis? Nach Hause schrieb Tschaikowsky, daß ihm durch die Übersetzung der Rezitative und die Art der Einstudierung (mit echt deutscher Akuratesse) zu vieles fremd war, aber nach der Aufführung beglückwünschte er den Dirigenten Gustav Mahler: „Sie haben mein Werk neu geboren."

1892 wütete in Hamburg die Cholera. 8605 Menschen starben. Aber das war sieben Monate nach Tschaikowskys Aufenthalt. Er starb 1893 in St. Petersburg – an der Cholera.

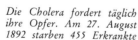

Die Cholera fordert täglich ihre Opfer. Am 27. August 1892 starben 455 Erkrankte

Desinfektionskolonnen sind mit Lysol, Carbol und Creolin ständig unterwegs

März 1894. Brahms ist 61. Das Angebot aus Hamburg muß ihm wie Hohn erscheinen.

Brahms und Hamburg. Zwei Briefe umreißen das ganze Thema. Der eine, geschrieben 1862, als Brahms gekränkt nach Wien ging, weil man ihm Stockhausen als Leiter der Philharmonie vorgezogen hatte, der andere von 1894, als man ihm, dem 61jährigen, den Posten anzubieten wagt.

1862: „Wie ich überhaupt ein etwas altmodischer Mensch bin, so auch darin, daß ich kein Kosmopolit bin, sondern wie an meiner Mutter an meiner Vaterstadt hänge. Wie selten findet sich für unsereinen eine bleibende Stätte, wie gern hätte ich sie in der Vaterstadt gefunden!"

1894: „hr geehrter Herr Senator, für Ihren mich hoch ehrenden Antrag sage ich meinen verbindlichsten Dank. Ich verehre ihn als einen neuen, schönen Beweis des überzeugten Wohlwollens, das Sie einem Ihrer Landsleute vergönnen.

So kommt es von Herzen, wenn ich mein Bedauern ausspreche, ablehnen zu müssen – in meinem wie im Interesse Ihrer Gesellschaft und ich brauche wohl nicht weiter auszuführen, daß Ihre Aufforderung für mich zu spät kommt und daß ein Intermezzo nicht das ist was Ihre Gesellschaft braucht. Mit meinen sonstigen Arbeiten aber (wie Sie meinen) hat die Angelegenheit nichts zu thun . . .

Es gibt nicht Vieles was ich mir so lange und lebhaft gewünscht hätte – d. h. eben zur rechten Zeit! Es hat auch lange gewährt, bis ich mich an den Gedanken gewöhnte, andere Wege gehen zu sollen. Wär's also nach meinem Wunsch gegangen, so feierte ich Heute etwa ein Jubiläum bei Ihnen, Sie aber wären in dem gleichen Falle wie eben Heute, sich nach einer jüngeren, tüchtigeren Kraft umsehen zu müssen.

Möchten Sie diese finden und möchte sie mit so gutem Willen, passablem Können und ganzem Herzen bei Ihrer Sache sein, wie es gewesen wäre   Ihr sehr hochachtungsvoll ergebener

J. Brahms"

*Johannes Brahms geht. Er dreht Hamburg den Rük-
ken. Nie wieder ist er in seine Vaterstadt zurückgekehrt. Der Brief an die Philharmonische Gesellschaft
(Wortlaut auf der linken Seite) kleidet seine Verbitte-
rung in höfliche Worte. „Es gibt nicht Vieles, was ich
mir so lange und lebhaft gewünscht hätte . . .“ Zu
spät. Drei Jahre später, am 3. April 1897, stirbt Hamburgs großer Sohn in Wien.*

Neuer Chef: Richard Barth

Richard Barth (44) kam aus Marburg, wo er Universitäts-Musikdirektor gewesen war. Er machte kein Hehl daraus, konservativ zu sein. Genau das konnte man 1894 am wenigsten brauchen, denn die Konkurrenz der Wolffschen Konzerte mit den Berliner Philharmonikern unter Dirigenten wie Gustav Mahler und Arthur Nikisch wurde immer spürbarer. Neue Impulse kamen von Barth nicht, aber in seine Zeit fällt dennoch ein entscheidender Fortschritt der Philharmonie: die Aufstellung eines eigenen ständigen Symphonieorchesters. Der Bankier Rudolph Petersen ergriff die Initiative. Aus drei Quellen sollten neben Mitgliedsbeiträgen und Eintrittspreisen die Mittel kommen: 1.) aus Stiftungen, 2.) durch Vermietung der Musiker in der Sommerpause, 3.) durch Subventionen des Senats. Der Senat stellte eine Bedingung: Veranstaltung von fünf Volkskonzerten jährlich zu Eintrittspreisen von höchstens 50 Pfennig. Sie wurde akzeptiert, ein „Verein der Musikfreunde" als Träger gegründet.

1894: Das neue Rathaus drei Jahre vor der Fertigstellung. Sieben Architekten bauten es.

So etwa sah der Arbeitsvertrag eines Orchestermusikers um die Jahrhundertwende aus.

„§ 1. Die Direktion engagiert (Obigen) für die Zeit von . . .bis . . ., jedoch steht der Direktion das Recht zu, diesen Kontrakt durch eine 14tägige Kündigung wieder aufzulösen oder zu prolongieren.

§ 5. Für die Tage, an denen gesetzlich nicht gespielt werden darf, . . . kommt die Gage in Wegfall. Bei Erkrankung eines Mitgliedes, bei Mißfallen oder Teilnahmslosigkeit seitens des Publikums, sowie bei Landestrauer, Epidemie, Force majeure usw. ist die Direktion berechtigt, diesen Vertrag sofort oder innerhalb drei Tagen zu lösen.

§ 6. Unfälle, welche dem Engagierten bei der Arbeit zustoßen, berechtigen nicht zur Geltendmachung von Entschädigungs- usw. Ansprüchen an die Direktion, sondern leistet Kontrahent hier ausdrücklich Verzicht."

1897 auf Hamburgs Bühnen: Eleanora Duse (oben) als ,,Kameliendame`` in Schultzes Theater auf St. Pauli, Leoncavallo (links), der nach der Premiere seiner ,,La Boheme`` in sieben Stunden 24 Gänge speiste.

Gängeviertel: die Heimat der Volksschüler

Schauplatz der Schülerkonzerte: das Konzerthaus Ludwig am Millerntor

1897 verlängerte der Senat die jährliche Subvention von 20 000 Mark. Sozusagen als Gegenleistung veranstalteten der ,,Verein der Musikfreunde`` (Philharmonie) und der Lehrergesangverein gemeinsam jetzt regelmäßig Volksschülerkonzerte. (Eintritt 10 Pfennig. Ein Hafenarbeiter bekam 2–3 Mark Tageslohn, ein Pfund Butter kostete 90 Pfennig. Es war eine Zeit sozialer Spannungen. Ende November 1896 war der erste große Hafenarbeiterstreik ausgebrochen. Er dauerte elf Wochen.

Eugen d'Albert

Richard Strauss und Frau

Max Fiedler

Eugen d'Albert, Schüler Liszts, Komponist, Dirigent und Klaviervirtuose, war häufiger Gast in Hamburg – und bei jedem Besuch stellte er eine neue Gattin vor. Insgesamt brachte er es auf neun Ehen. In der Philharmonie spielte er zum erstenmal im November 1899. Im gleichen Herbst brachte er auch einen geschlossenen Brahms-Zyklus von vier Abenden zu Gehör. Derzeitige Ehefrau: Teresa Carreño (Pianistin).

Richard Strauss war schon berühmt, als er 35jährig Anfang 1900 seine symphonischen Dichtungen „Don Juan" und „Don Quixote" in der Philharmonie dirigierte. Durch Hans v. Bülows Vermittlung war er Hofkapellmeister in Meiningen, Weimar und Berlin gewesen. 1898 hatte er mit seiner Frau Pauline gemeinsam das erste Konzert ausschließlich eigener Werke gegeben

Max Fiedler (Jahrgang 1859) hatte sich schon zusammen mit Barth um die Leitung der Philharmonie beworben. 1904 übernahm er die Nachfolge Barths und ließ alle „Modernen" spielen, die sein Vorgänger gemieden hatte. Seine besondere Bewunderung galt Richard Strauß, dessen „Heldenleben", „Eulenspiegel" und „Zarathustra" er kurz hintereinander ins Programm nahm.

Alsterpavillon Nummer 4. Wegen seines Aussehens der „Kachelofen" genannt

Den ersten Alsterpavillon hatte der französische Revolutionsflüchtling Vicomte Augustin Lanclot gegründet und am 1. August 1799 eröffnet. Seitdem fehlte an dieser Stelle nie ein Straßencafé, von dem aus man sehen konnte, wie „holde Schöne, wenn Tag und Hitze schwinden, entzückend auf und niedergehen" (Hagedorn). 1900 wurde gegenüber den Großen Bleichen der vierte Alsterpavillon eröffnet.

Der Hamburger Lyriker Gustav Falke (49) schrieb den Prolog zum 500. Philharmonischen Konzert:

PROLOG

Ein seltenes Fest lässt seine Fahnen sehn,
Und alter Lorbeer fällt auf ihre Seide,
Kränze, dran breite Ehrenbänder wehn.-
Das ist des Tüchtigen schönste Augenweide,
Wenn dem Verdienst, durch Jahre treu bewährt,
Ein Jubeltag den goldnen Zweig beschert.

Fünfhundert Mal im Priesterdienst des Schönen!
Da dürfen schon die Saiten voller rauschen,
Und lauter schon die hellen Hörner tönen,
Becken und Cymbeln frohe Grüsse tauschen
Und vor der Muse edelm Angesicht
Aufjubeln: Sage, dienten wir dir nicht?

Und sie, der vielen Tempel stolz und froh,
Aus jedem Lied den echten Atem spürend,
Singt's auch der eine so, der andere so,
Mit ihrem Blick die Frager still berührend,
Dass sie verstummen, also Antwort giebt:
„Jeder dient mir, der mich einfältig liebt.

Der Hirtenknabe, der im Frühlingsgras
Dem Kälberrohr sein schlichtes Lied vertraut,
Der ernste Meister, der ohn' Unterlass
Schaffend an seiner Seele Tempel baut,
Das Mädchen, das im stillen Kämmerlein
Dem Liebsten singt, der frohe Bursch beim Wein,

Wo immer man mir dient in reiner Glut,
Dient man mir recht, sei's auch mal falsch geblasen,

Wenn man es nur aus ganzer Seele thut.
Wir Musen rümpfen nicht so leicht die Nasen.
Nur Eitelkeit, unreinen Ruhms begehrlich,
Verachten wir. Ihr aber dientet ehrlich.

Ob Meisterarbeit, ob Gesellenstück,
Redliches Mühen hat mich stets erfreut.
So jubelt denn! Ich wünsch von Herzen Glück! –
Ein Meister ist in eurer Mitte heut,
Nenn' seinen Namen ich, Joachim, ehrt
Das euch in ihm, die seiner ihr begehrt."

So spricht die Muse, edler Lindigkeit
Beflissen, wie die Göttliche es liebt,
Die, herrlich tronend über alle Zeit,
Liebe für Liebe, Treu' für Treue giebt,
Gerechten Sinns. Und über Streit und Staub
Glänzt heiter her ein edel Lorbeerlaub.

– Fünfhundert Mal im Priesterdienst des Schönen.
Da dürfen schon die Saiten voller rauschen,
Und lauter heut die hellen Hörner tönen,
Und mit den Flöten frohe Grüsse tauschen
Und vor der Muse edelm Angesicht
Aufjubeln: Hohe, dienten wir dir nicht?

Fünfhundert Mal! Und wenn wir vorwärts sehn,
Wie vielmal werden wir noch jubeln dürfen? –
Wo viele dürstend an den Quellen stehn,
Sich drängend, und die Lebenswasser schlürfen,
Gilt es, fest stehen. Der Verdrängte fällt
Dem Tod anheim, der emsig Ernte hält.

Februar 1902   G. Falke.

Dichter Gustav Falke

Die Philharmonie zählte nicht nur ihre Jahre, sondern auch ihre Konzerte. Auf den 14. Februar 1902 fiel das 500. Hamburg rühmte sich zu jener Zeit eines Dichter-Dreigestirns: Detlev von Liliencron, Richard Dehmel und Gustav Falke. Letzterer dichtete den „Prolog" für das Festkonzert, und weil es so charakteristisch für die Lyrik der Jahrhundertwende ist, stehen hier die ersten neun von den 14 Strophen.

Es gab noch ein anderes Jubiläum an diesem Tage. Josef Joachim, der „König der Geiger", inzwischen 72 Jahre alt, spielte zum 25. und letzten Mal in der Philharmonie und zwar Beethovens Violinkonzert. Das war so etwas wie „sein" Konzert. Beethoven hatte es 1806 komponiert, aber es fand kaum Beachtung. Erst als der 13jährige Joachim es 1843 unter Leitung Mendelssohns in London spielte, wurde es plötzlich „entdeckt".

Hamburg 1902: Der Ausflugsdampfer „Primus" versinkt vor Nienstedten mit 101 Mitgliedern und Angehörigen der Liedertafel „Treue".

Arthur Schnabel

Arthur Schnabel gab sein Debut als Pianist in der Philharmonie 1904 als 22jähriger mit Brahms' Klavierkonzert d-moll. Er war einer der vielen Großen, die Fiedler nach Hamburg zu ziehen wußte. Ein anderer war der erst 12jährige Mischa Elman, dem noch eine große Karriere bevorstand. Er debütierte mit Tschaikowskys Violinkonzert.

Gustav Mahler

Gustav Mahler, Jahrgang 1860, seit 1891 Erster Kapellmeister am Orchester des Stadttheaters und auch als Dirigent der Berliner Agenturkonzerte seit langem ein gefährlicher Konkurrent der Philharmonie, wurde ebenfalls von Fiedler gewonnen, 1905 seine Fünfte Symphonie (cis-moll) in einem philharmonischen Konzert zu dirigieren.

Pablo de Sarasate

Als Pablo de Sarasate zehnjährig am spanischen Hof vorspielte, schenkte ihm der König eine Stradivari. Als Fiedler den 61jährigen 1905 wieder nach Hamburg holte, war Sarasate nach Paganini der gefeiertste Violinvirtuose. Auch als Komponist ist er bis heute berühmt geblieben (Spanische Tänze). In Hamburg spielte er Mozart und Beethoven.

Fritz Kreisler

Fritz Kreisler (31), aus Österreich stammend wie Gustav Mahler, führte sich in der Philharmonie 1906 mit Beethovens Violinkonzert ein. Es war in diesem Jahr was los in Hamburgs Musikleben. Im Stadttheater sorgte Enrico Caruso für volle Kassen, und im Operettenhaus wurde Franz Lehárs „Lustige Witwe" erstaufgeführt.

Alle Löschversuche waren vergeblich

Hamburg 1906: Die Stadt verlor ihr Wahrzeichen. Am 3. Juli brannte die Michaeliskirche ab. Eine Stunde nach Ausbruch des Feuers stürzte der Turm ein, am Abend war die Kirche nur noch eine Ruine. Aber die Bürgerschaft bewilligte sehr schnell dreieinhalb Millionen für den Wiederaufbau. Schon 1912 wurde der Neubau feierlich geweiht.

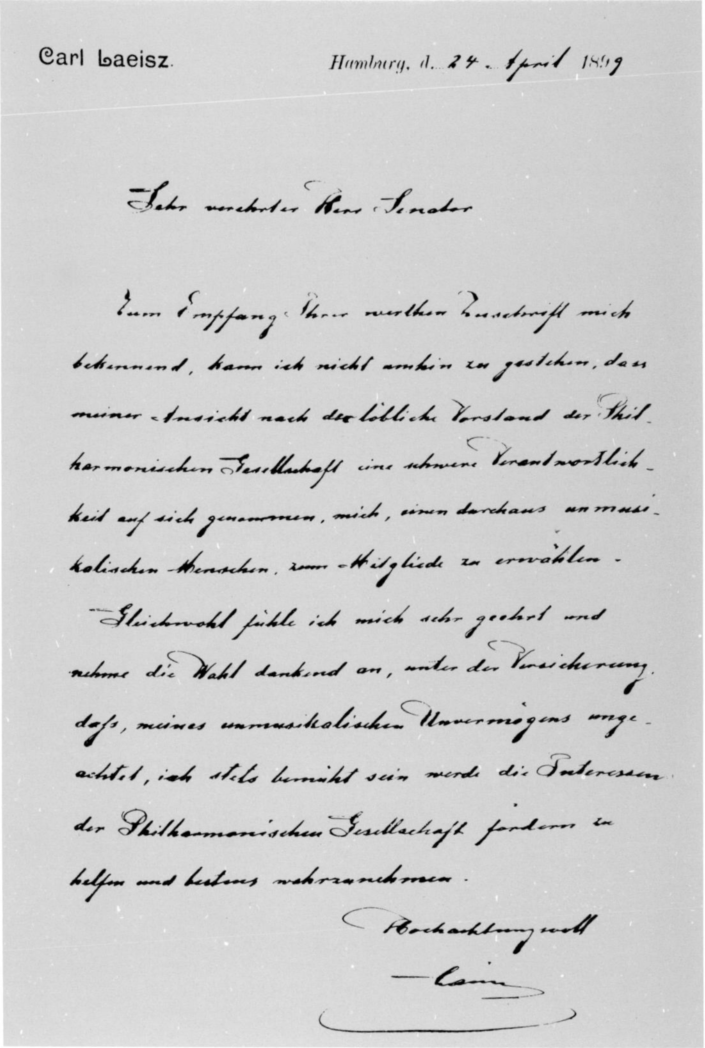

Carl Laeisz.   Hamburg, d. 24. April 1899

Sehr verehrter Herr Senator

Zum Empfang Ihrer werthen Zuschrift mich
bekennend, kann ich nicht umhin zu gestehen, dass
meiner Ansicht nach der löbliche Vorstand der Philharmonischen Gesellschaft eine schwere Verantwortlich-
keit auf sich genommen, mich, einen durchaus un-musi-
kalischen Menschen, zum Mitgliede zu erwählen.

Gleichwohl fühle ich mich sehr geehrt und
nehme die Wahl dankend an, unter der Versicherung,
dass, meines unmusikalischen Unvermögens ungeachtet, ich stets bemüht sein werde die Interessen
der Philharmonischen Gesellschaft fördern zu
helfen und bestens wahrzunehmen.

Hochachtungsvoll
Carl

Carl Laeisz nach seiner Wahl in den Vorstand der Philharmonischen Gesellschaft: „ . . .nehme die Wahl dankend an, unter der Versicherung, daß meines unmusikalischen Unvermögens ungeachtet, ich stets bemüht sein werde die Interessen der Philharmonischen Gesellschaft fördern zu helfen und bestens wahrzunehmen."

Karl Muck, lange Jahre „Hausherr" der Musikhalle, hatte schon bei seinen ersten Konzerten in Hamburg (1893) seinen Unwillen über den Conventgarten bekundet: „Da stinkt es nach Bier!" Zwar gab es eine ganze Reihe Säle, in denen auch Konzerte veranstaltet wurden, aber aus wirtschaftlichen Gründen fanden in ihnen viel häufiger Tanzveranstaltungen,

55

Stiftungsfeste usw. statt. Ein Haus ausschließlich für musikalische Veranstaltungen gab es außer dem Stadttheater nicht.

Schon 1863 hatten Hamburger Kaufleute ein „Comité zum Bau einer Musikhalle" gegründet, doch was hilft ein Ausschuß, der nur guten Willen hat. Vom Staat kam keine finanzielle Hilfe. Als die Musikhalle am 4. Juni 1908 dem Bürgermeister Burchard als Staatsbesitz übergeben wurde, sagte er in seiner Dankesrede: „Die Erkenntnis ist zwar Gemeingut geworden, daß die Pflege der bildenden Künste eine selbstverständliche staatliche Aufgabe darstellt, dagegen könnte es auch heute noch zweifelhaft erscheinen, inwieweit der Staat Veranlassung hat, sich der Pflege der dramatischen Kunst zu widmen oder die Pflege der Musik in seinen Pflichtenkreis aufzunehmen."

Aber soweit war es ja noch lange nicht. 1899 hatte die Philharmonische Gesellschaft den guten Einfall gehabt, den nach eigenem Urteil gänzlich unmusikalischen Reeder Carl Laeisz in den Vorstand zu wählen. Was ihm an Musikverstand vielleicht wirklich gefehlt haben mag, hat er in seinem Testament wettgemacht. Carl Laeisz starb 1901 und hinterließ 1,2 Millionen Mark für den Bau einer Musikhalle.

Die Architekten Martin Haller und Emil Meerwein, als Rathausarchitekten bekanntgeworden, begannen 1904 mit dem Bau am damaligen Holstenplatz. 1908 war die Musikhalle fertig und versetzte die Hamburger in Hochstimmung. Sie hatten endlich nicht nur ein Konzerthaus, sondern noch dazu das größte und modernste in Deutschland. „Wir haben 1897 Plätze, das Gewandhaus in Leipzig zählt nur 1524", jubelte das Fremdenblatt. Und außerdem gab es im Obergeschoß noch einen Saal für Kammerkonzerte (500 Plätze) und einen Übungssaal für 350 Personen.

Schon am Eröffnungstag gab es diese Postkarte mit der „Photographie" der neuen Musikhalle

Hamburg, den 4. Juni 1908.

PROGRAMM

des

nach der feierlichen Übergabe der Musikhalle

stattfindenden

Konzerts

❧

1) **J. S. Bach:** Passacaglia (C-moll) für Orgel
(Herr Alfred Sittard aus Dresden)

2) **G. F. Händel:** Halleluja aus dem „Messias"
(Der Cäcilienverein und die Sing-Akademie unter Leitung von Prof. Dr. Richard Barth)

3) **J. Brahms:** Fest- und Gedenksprüche für achtstimmigen Chor a capella, op. 109
Seiner Magnificenz dem Herrn Bürgermeister Dr. Carl Petersen in Hamburg verehrungsvoll zugeeignet
I. Feierlich bewegt II. Lebhaft und entschlossen III. Froh bewegt
(Der Cäcilienverein und die Sing-Akademie unter Leitung von Prof. Julius Spengel)

4) **L. v. Beethoven:** Fünfte Symphonie (C-moll), op. 67
I. Allegro con brio II. Andante con moto III. Allegro IV. Allegro
(Das Orchester des Vereins Hamburgischer Musikfreunde unter Leitung von Max Fiedler)

Nach Beendigung des Konzerts steht die Musikhalle der Besichtigung der Festteilnehmer offen.

Das festliche Eröffnungskonzert am 4. Juni 1908

Im Programm des Eröffnungskonzerts standen auch die „Fest- und Gedenksprüche", die Brahms als Dank für seine Ernennung zum Ehrenbürger komponiert hatte, und Brahms' Geist sollte überhaupt in diesem Hause heimisch sein. Außer einem Marmordenkmal für ihn wurden noch die Büsten derjenigen aufgestellt, die sich besonders für die Einführung und Pflege Brahms'scher Musik eingesetzt hatten: Josef Joachim, Clara Schumann, Julius Stockhausen und Hans von Bülow. Das Brahmsdenkmal im Foyer schuf Max Klinger.

Der 32jährige Cellist Pablo Casals spielte 1908 in Hamburg Bach und Schumann

Siegmund von Hausegger (rechts) aus Graz und der Deutschbalte Gerhard von Keußler

Mit Siegmund von Hausegger (38) bekam die Philharmonische Gesellschaft einen würdigen Nachfolger für Fiedler. Auch er favorisierte die Modernen und bemühte sich, Mahler und Reger populär zu machen. Eine Reihe von hundertsten Geburtstagen gab ihm außerdem Gelegenheit, attraktive Festkonzerte zu veranstalten. 1911 Liszt, 1913 Richard Wagner, 1915 Bismarck. Am 12. März 1915 sprang ein noch unbekannter „Herr Wilhelm Furtwängler aus Lübeck" für den erkrankten José Eibenschütz ein, der in dieser Zeit die Symphoniekonzerte dirigierte. 1912 bewilligte der Senat eine Subvention von 96 000 Mark für die Philharmonie.

Von „herrlichen Zeiten" hatte der Kaiser gesprochen, und es sah ganz nach ihnen aus. 1910 war Hamburg (ohne die preußischen Städte Altona, Harburg und Wandsbek) Millionenstadt geworden. Hauptbahnhof, Schauspielhaus, Stadtpark, Mönckebergstraße und sogar eine U-Bahn schossen aus der oder in die Erde. 1912 lief die „Imperator", das größte Schiff der Welt, der größten Reederei der Welt (Hapag), vom Stapel. Als von Hausegger 1918 die Leitung der Philharmonie an Gerhard von Keußler übergab, waren die „herrlichen Zeiten" allerdings vorbei und der Erste Weltkrieg verloren.

31. Juli 1914: Auf dem Rathausmarkt wird der „Zustand der drohenden Kriegsgefahr" ausgerufen (oben). Die 76er rücken aus ihrer Kaserne in der Bundesstraße ins Feld (links)

Hamburg 1918: Am Tage der Mobilmachung bestand das Hamburgische Infanterie-Regiment 76 aus 64 Offizieren und 2936 Unteroffizieren und Mannschaften. Bis zu seiner Auflösung am 24. Dezember 1918 hatte es 2353 Mann verloren.

Kriegsdienst in der Heimat: Frauen als Straßenbahnschaffnerinnen

Max Reger war schon im Winter 1907/08 in Hamburg gewesen. Im Januar 1911 leitete der Komponist (jetzt 38 Jahre) ein eigenes Klavierkonzert. Dann wurde er Hofkapellmeister in Meiningen

Elly Ney van Hoogstraten, mit 33 schon eine berühmte Pianistin und Beethoven-Interpretin, spielte im Winter 1915/16 in einem philharmonischen Konzert Mozarts Klavierkonzert Nr. 15 (KV 450)

Felix Weingartner, Kapellmeister der Berliner Hofoper, über Hamburg: „Es gibt Orte, zu denen wir immer wieder zurückkehren müssen. Ein solcher Ort ist für mich Hamburg. Es liegt ein freudiges Lächeln über dieser Stadt und über dem Publikum, wenn ihm etwas Schönes geboten wird. Ich liebe dieses freudige Lächeln, ich liebe dieses kunstfreudige Publikum, das so wohltuend zu jubeln versteht."

Wilhelm Backhaus (32) spielte im dritten Kriegswinter 1916/17 in Hamburg Beethovens 4. Klavierkonzert. Der gebürtige Leipziger Backhaus war ein Schüler Eugen d'Alberts

Meldung vom 21. März 1922: Lösung der Hamburger Dirigentenkrise

Die neuen Dirigenten: Karl Muck (rechts) und Eugen Papst (links)

1922 erbaut: Högers Chilehaus

Von einer „Dirigentenkrise" ist in der oben abgebildeten Überschrift insofern die Rede, als man sich nach dem Weggang v. Keußlers nicht für einen Nachfolger entscheiden konnte und in der Saison 1921/22 zunächst eine Parade bester Namen „auf Probe" dirigieren ließ. Darunter waren Hermann Abendroth, Wilhelm Furtwängler, Carl Schuricht, Fritz Stein, Fritz Reiner u. a. Dann aber bat man Karl Muck (1859 in Darmstadt geboren), die Leitung der Abonnementskonzerte zu übernehmen, und Eugen Papst, alle sonstigen Orchesterveranstaltungen. Karl Mucks Laufbahn als Pianist (Leipzig) und Dirigent (Zürich, Salzburg, Brünn, Graz, Prag) führte ihn schließlich für 20 Jahre als Generalmusikdirektor an die Hofoper in Berlin. Gleichzeitig (bis 1930) dirigierte er 30 Jahre lang den Parsifal bei den Bayreuther Festspielen. „Ohne Frage eine der bedeutendsten Dirigentenpersönlichkeiten, die ihr Maß ausschließlich in sich selbst trägt", sagt der Schreiber des oben angerissenen Zeitungsartikels. Eugen Papst (36) wurde im Vertrag verpflichtet, die „Mittwochkonzerte" auf die Höhe vollwertiger Symphoniekonzerte zu bringen, während die populären Veranstaltungen „auf den Ton der leichteren Unterhaltungsmusik" gestimmt bleiben sollten.

Inflation: Der Wert der Mark fällt von Tag zu Tag

Wilhelm Furtwängler

Walter Gieseking

Bruno Walter

Vladimir Horowitz

Ein neues Medium: das Radio

Karl Muck stand am 9. Oktober 1922 zum erstenmal öffentlich am Dirigentenpult der Philharmonie. Er verließ es mehr als zehn Jahre später, als die „Machtergreifung" der Nationalsozialisten auch ihn ihre Macht spüren ließ. Pensionierte Philharmoniker erinnern sich noch heute gern jener „großen Zeit" mit Muck. Muck hatte Philologie studiert. „Von der Strenge dieser Wissenschaft behielt er etwas auch als Dirigent", heißt es im Ullstein Musiklexikon. Die Strenge bezog sich nicht nur auf die Musik. Er war ein Mann ungeheurer Disziplin gegen sich selbst, aber auch gegen andere. Einer seiner überlieferten Aussprüche lautet: „Es gibt Dirigenten, die schwitzen, und solche, die nicht schwitzen. Die schwitzen, mag ich nicht." Vor Beginn jedes Konzerts ließ er sich von den Orchesterwarten die Weste so fest schnüren, daß er gar nicht anders konnte als stramm stehen. Und man erzählt, daß Richard Strauss, wenn er seine Musiker in Berlin nicht zur Konzentration bringen konnte, drohte: „Jetzt laß ich gleich nach dem Muck schicken." Bei seinem ersten Konzert dirigierte Muck Haydn, Mozart und Beethoven. Aber sehr bald auch Reger, Mahler, Bruckner, Pfitzner und auch viele andere Moderne, die noch keine weltberühmten Namen hatten und sie auch nie errangen. Als Gäste kamen zu seinen Konzerten, neben vielen anderen, die Dirigenten Wilhelm Furtwängler und Bruno Walter und die Pianisten Walter Gieseking und Vladimir Horowitz.

Unvergessen bleibt in der Musikgeschichte Hamburgs die Gedächtnisfeier zum hundertsten Todestag Beethovens im März 1927 mit allen neun Symphonien, der Leonore, dem Coriolan, dem 5. Klavierkonzert, dem Violinkonzert und der Missa solemnis.

Im gleichen Frühjahr machte das Philharmonische Orchester etwas bis dahin ganz Ungewöhnliches. Es ging geschlossen auf Gastspielreise nach Island. Dann aber wurde es Zeit, sich auf die eigene Hundertjahrfeier vorzubereiten.

1828 — 1928
Hundertjahr-Feier der Philharmonischen Gesellschaft.
des Festkonzert 15 Mai 1928. — Gustav Mahler: 8 Symphonie — Leitung: Eugen Papst
Hamburger Philharmonischer Orchester
Singakademie
Hamburger Lehrergesangverein

Festkonzert zur Hundertjahrfeier in der Musikhalle. Am Dirigentenpult Eugen Papst

Hundert Jahre. Ein langer Weg von den ersten Privatkonzerten des Winters 1829, bei denen man sich einen Konzertmeister für zwölf Mark pro Abend als „Vorspieler" mietete und die ausgeliehenen Musiker es auf eine Konzertgage von sieben Mark brachten, bis zum eigenen Orchester von 100 Musikern, mit eigenem Konzerthaus und einem Dirigenten von Weltruf.

Zur Hundertjahrfeier schrieb Kurt Stephenson ein Gedenkbuch, an dessen Schluß es heißt: „Unsere Philharmonische Gesellschaft hält

Programmzettel der Festtage

heute dank der Qualität ihrer Führer und der Arbeitsfreude ihres Orchesters und dank einer weitgehenden Beihilfe des Staates in ihrer Leistungsfähigkeit dem Vergleich mit anderen Städten durchaus stand. In der Vielseitigkeit ihrer künstlerischen Tätigkeit und in der volkstümlichen Breite ihrer Veranstaltungen dürfte ihr kaum eine zweite Konzertgesellschaft im Reiche nahekommen."

Aus diesem Selbstbewußtsein heraus hatte der Vorstand beschlossen, „die wesensgleiche Natur des hamburgischen Instituts mit den Philharmonikern in Berlin und Wien" auch im Namen der Gesellschaft zu dokumentieren. Seit dem Subventionsvertrag mit dem Senat von 1896 hatte die Philharmonie offiziell „Verein der Hamburgischen Musikfreunde" geheißen (worauf wir in dieser Schrift, um Verwirrung zu vermeiden, kaum eingegangen sind). 1927 wurde der Name zurückverwandelt in „Philharmonische Gesellschaft".

Von der Disziplin Karl Mucks war schon die Rede. Ein Wort zu seinem persönlichen Mut darf nicht fehlen. 1924 und auch später nahm er Strawinsky ins Programm. Es kümmerte ihn nicht, daß es 1922 bei der Aufführung der „Geschichte vom Soldaten" in der Oper zu einem Skandal mit Trillerpfeifen und Rasseln gekommen war und der Kritiker Ferdinand Pfohl nach zehn Minuten die Aufführung verließ, weil er sich weigerte, „solch ein naiv-makabres Gewäsch anzuhören, geschweige denn darüber zu schreiben".

Zur Hundertjahrfeier stiftete der Senat eine Johannes-Brahms-Plakette für Bürger, die sich um das Musikleben der Stadt verdient gemacht haben. Als erster erhielt sie Karl Muck. Außerdem wurde eine Karl-Muck-Stipendienstiftung gegründet.

Hamburg 1928: Preußen und Hamburg schließen einen Hafenvertrag. Seinen Sinn faßt der persönliche Referent des preußischen Ministerpräsidenten Braun, Regierungsrat Herbert Weichmann, in dem Satz zusammen: „Aufbauen, als ob es keine Ländergrenzen gäbe."

Totenmaske von Karl Muck

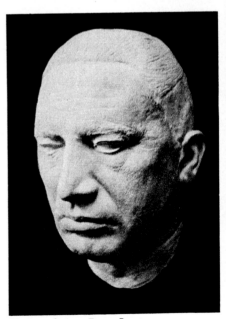

Totenmaske von Eugen Papst

6. April 1929: 7000 Zuhörer in Kopenhagen. Unten: Abreise der Philharmoniker vom Hamburger Hauptbahnhof. Beide Fotos sind Nachdrucke aus dem Hamburger Fremdenblatt, was die geringe Qualität erklärt.

Das Gastspiel in Island war nur eine „Probefahrt" gewesen, Kopenhagen wurde ein Triumph. Was die Hamburger in Kopenhagen erlebten, war ihnen selbst zu Hause noch nicht widerfahren. Zu zwei Konzerten kamen je 1500 Zuhörer, zum dritten, zu Beethovens Neunter, aufgeführt mit dänischen Gesangssolisten und Chören, war die Ausstellungshalle (Forum) mit 7000 Plätzen ausverkauft. Die Zeitung „Politiken" schrieb: „Wenn Mucks Genialität so vollkommen frei und ungehemmt dastand, so war das seinem Werkzeug zu verdanken. Die Hamburger Philharmoniker sind etwas in Dänemark noch nie Dagewesenes." Die Reise war auf Initiative des Ersten Bürgermeisters Dr. Carl Petersen zustande gekommen. Natürlich war er selbst dabei.

„Wunderkind" Yehudi Menuhin 1929

Funkhaus Rothenbaum im Winter 1931

Yehudi Menuhin war 12 Jahre alt, als er am 12. Dezember 1929 im Conventgarten Beethovens Violinkonzert spielte. Seine Deutschland-Tournee hatte in Berlin unter Bruno Walter und in Dresden unter Fritz Busch begonnen. „Was wir zu hören bekamen, ist von einer so unbegreiflichen Größe, daß das Wort Genie zu blaß dafür ist", jubelte die Presse. In seiner Heimatstadt San Francisco hatte das „Wunderkind" 11 000 Zuhörer in ein Konzert gebracht.

Das neue Funkhaus an der Rothenbaumchaussee wurde am 8. Januar 1931 mit einem „1. Europäischen Konzert" in Betrieb genommen. Die ersten Rundfunksendungen in Hamburg wurden 1924 aus dem Fernsprechamt in der Schlüterstraße ausgestrahlt. Reichweite des Senders: zwölf Kilometer. Der allen Hamburgern wohlbekannte Verwaltungsbau mit dem Uhrturm überdauerte den Krieg. Nur der Firmenname NORAG ist dem Norddeutschen Rundfunk gewichen.

Wer Musik hören wollte, brauchte nicht mehr ins Konzert zu gehen. Das Radio brachte sie ihm ins Haus. Weit über die Grenzen der Stadt hinaus. Zur Eröffnung des neuen Funkhauses am Rothenbaum 1931 sendete die Nordische Rundfunk Gesellschaft (NORAG) ein „1. Europäisches Konzert" mit den Hamburger Philharmonikern. Leitung: Karl Muck, Solist: Professor Georg Kulenkampff. Man spielte Brahms, und alle Nachbarländer hörten mit.

Die Zusammenarbeit zwischen Norag und Philharmonie entwickelte sich besonders freundlich, weil José Eibenschütz von seinem Posten als Generalmusikdirektor der Königlichen Hofoper in Oslo 1927 nach Hamburg zurückgekehrt war und die musikalische Leitung des Rundfunks übernommen hatte. Bis 1921 war Eibenschütz Dirigent der Philharmoniker gewesen.

Der Siegeszug des Rundfunks war nicht aufzuhalten, aber auch nicht, daß er bald ein Propagandainstrument der Staatspartei werden sollte. Heinrich Chevalley, Musikkritiker des Fremdenblattes, hatte einmal über Muck geschrieben: „Ein Mann von höchstem sittlichen Ernst und fester Überzeugungstreue." Die „Gleichschaltung" von Musik und Politik konnte nicht seine Sache sein, schon gar nicht mit 73 Jahren. Karl Muck gab sein letztes Konzert am 19. Mai 1933 (er starb am 4. März 1940 in Stuttgart). Eugen Papst dirigierte am 3. Dezember 1933 zum letztenmal.

Ein paar statistische Zahlen geben nur ein sehr unvollkommenes Bild jener Blütezeit der Philharmonischen Gesellschaft von 1922 bis 1933: Es wurden 1835 Konzerte veranstaltet. Darunter 477 Rundfunksendungen, 148 Volkskonzerte, 125 Schülerkonzerte, 750 volkstümliche Konzerte, 22 Erwerbslosenkonzerte, 135 Symphoniekonzerte unter anderen Dirigenten, 21 auswärtige Kammerkonzerte und sieben Kammerkonzerte in Hamburg. Muck dirigierte 140 Konzerte und 697 Proben, Eugen Papst 1117 Konzerte und 1366 Proben.

PHILHARMONISCHE GESELLSCHAFT IN HAMBURG

Montag, den 14. November 1932, abends 8 Uhr, Musikhalle, großer Saal

Viertes Philharmonisches Konzert

LEITUNG:

DR. KARL MUCK

SOLIST:

SERGE PROKOFIEFF

VORTRAGSFOLGE:

Serge Prokofieff: Symphonie classique, op. 25, komp. 1916-17

Gast der Philharmonie (1932): Serge Prokofieff als Pianist eigener Werke

KONZERTDIREKTION JOH. AUG. BÖHME ∙ HAMBURG ∙ ALTERWALL 44

Montag, 12. Oktober 1931, abends 8 Uhr
Conventgarten, grosser Saal

I. Konzert
mit dem Philharmonischen Orchester in Hamburg

Leitung:

DR. RICHARD STRAUSS

VORTRAGSFOLGE:

RICHARD STRAUSS:

Symphonia domestica für großes Orchester Op. 53

Gast der Philharmonie (1931): Richard Strauss dirigiert „Ein Heldenleben"

Hamburg, 5. März 1933: Nationalsozialistische Kampfgruppen (SA und SS) besetzen das Rathaus und hissen die Hakenkreuzfahne. Zwei Monate später übernimmt Gauleiter Kaufmann als Reichsstatthalter alle Macht in Hamburg und ernennt den Bürgermeister ohne Wahl.

Nathan Milstein spielt Tschaikowsky (1933)

Edwin Fischer, Solist beim Gastspiel der Hamburger Philharmoniker bei der Berliner Kunstwoche 1937 (Foto aus späterer Zeit)

Eugen Jochum, Generalmusikdirektor (und Staatskapellmeister) des Philharmonischen Staatsorchesters (1934)

Der Senat beschließt: ,,Vom 1. Januar 1934 ab werden das bisherige Philharmonische Orchester und das Orchester des Hamburgischen Stadttheaters zu einem einheitlichen Orchester, das den Namen Philharmonisches Staatsorchester trägt, zusammengelegt."
Fusion auf dem Verordnungswege. Bis heute ist umstritten, ob diese Fusion künstlerisch ein Gewinn war. Sicher aber ist, daß die Philharmonische Gesellschaft wirtschaftlich nicht überlebt hätte, nachdem so mancher ihrer größten Förderer gezwungen war, Deutschland zu verlassen.
Von nun an waren die Philharmoniker also Staatsangestellte mit allen Rechten und Pflichten, und die pflegte man in der Zeit des ,,Führerprinzips" in ,,Dienstordnungen" festzulegen.
Der ,,Dienstvorgesetzte" des Staatsorchesters und des Staatstheaters (so hieß das Stadttheater seit dem 1. August 1933) war der Generalintendant (K. H. Strohm). Aus seiner Dienstordnung seien einige Punkte zitiert, weil sie ein Dokument der Zeit sind.
§ 2, 2. Mitglied des Orchesters kann nur werden, wer a) nach Charakter und künstlerischer Eignung ein wertvolles Glied der Orchestergemeinschaft zu werden verspricht, b) die Gewähr dafür bietet, daß er jederzeit vorbehaltlos für den national-sozialistischen Staat eintritt, c) arischer Abstammung ist.
§ 3, 1. Die Orchestermitglieder sind vom Staat berufene Träger verantwortungsbewußten Gemeinschaftsdienstes an der Kunst. Sie haben ihre ganze Kraft in den Dienst des Orchesters zu stellen.
§ 17, 2. Grund zur fristlosen Kündigung ist auch die Eingehung einer Ehe mit einem nichtarischen Ehegatten oder die volle Erwerbstätigkeit des Ehegatten.
Der Abonnementspreis betrug RM 16–48 für zehn Konzerte. Die Mitgliedsbeiträge der Phil-

harmonischen Gesellschaft wurden gesenkt, und zwar gleich von RM 20 auf RM 4.
Eine neue Zeit war angebrochen, die sogar von Anfang an ihre eigene Sprache hatte. Eine gefährliche Zeit, für viele, auch unter den ehemaligen Philharmonikern, eine tödliche Zeit. Aber auch eine Zeit der Bewährung.
Als Generalmusikdirektor des Philharmonischen Staatsorchesters wurde „Staatskapellmeister" Eugen Jochum (31) berufen. Er hatte bei Siegmund von Hausegger in München das Dirigieren gelernt und war einer der ersten Dirigenten, der sich ganz bewußt auf Rundfunkarbeit eingestellt hatte. Er kam vom Reichssender Berlin nach Hamburg.

§ 18, 2. Die Mitglieder des Orchestervorstandes werden vom Generalintendanten am Tage der nationalen Arbeit (1. Mai) vor dem Orchester auf gewissenhafte Amtsführung feierlich verpflichtet. Sie haben zu geloben, nur dem Wohle der Gemeinschaft zu dienen, eigennützige Interessen zurückzustellen und in ihrer Lebensführung und Diensterfüllung jederzeit Vorbild zu sein. Ihr Amt ist ein Ehrenamt.
Bezahlt wurde nach einem Vergütungstarif, der nach Vergütungsgruppen und Dienstjahren aufgeteilt war. Die Vergütungsgruppe I (Erster Konzertmeister, Erster Solocellist und Harfenist) reichte von 5075 RM jährlich im ersten Dienstjahr (das aber erst vom 25. Lebensjahr an gezählt werden durfte) bis zu 7350 RM im 16. Dienstjahr. Die Vergütungsgruppe IV für die „gewöhnlichen" Orchestermitglieder reichte von 3550 RM im ersten bis zu 5800 RM im 20. Dienstjahr. Als Abgeltung besonderen Aufwands (z. B. Tragen des Fracks) wurde eine monatliche Aufwandsentschädigung von RM 25 gezahlt. Sonderzulagen von je RM 30 gab es für das Blasen des Siegfried-Rufes, des Tristan-Solos, der Holztrompete in „Tristan und Isolde".

Ein friedliches Bild: Luftschiff LZ 127 „Graf Zeppelin" (236,5 m lang) schwebt über Hamburg (März 1936)

Eugen Jochum war ein tief religiöser Mensch, der es innerlich ablehnte, die Staatsraison über die Menschlichkeit zu stellen, und der äußerlich danach handelte, wenn es galt, für seine Orchestermitglieder einzutreten. Eugen Jochum war kein „Parteigenosse", als er nach Hamburg berufen wurde. Er wurde es auch später nicht. Er hat mutig alle Versuche abgewehrt, das Staatsorchester zu „nazifizieren". Deshalb brauchten weder er noch das Orchester sich nach dem Zusammenbruch einer „Entnazifizierung" zu unterwerfen.
Von Eugen Jochum ist folgende Anekdote überliefert. Er probt mit dem Rundfunkorchester. Gutgelaunt betritt er das Dirigentenpult und wünscht den Musikern einen guten Morgen. Zuruf: „Hier heißt es Heil Hitler!" Wortlos legt Jochum seinen Stab hin und fährt ins Rathaus, um sich zu beschweren. Was dazu gehörte, weiß, wer die Zeit miterlebt hat.

Wilhelm Kempff, Klaviersolist beim Brahmsfest 1937 (Foto aus späterer Zeit)

September 1939. Krieg. Zunächst heißt das: Verdunkelung, Lebensmittelkarten, Bezugsscheine, Kraftfahrzeugbeschlagnahme, Kleidersammlungen, Metallsammlungen, Verbot von Tanzveranstaltungen, vor allem aber Einberufungen. Sie waren entscheidend für den Fortbestand des Musiklebens. Welche Musiker wurden einberufen? Wer bekam das „UK", die Bescheinigung, „unabkömmlich" zu sein? Eugen Jochum kämpfte mutig um jeden einzelnen seiner Philharmoniker.

Im ersten Kriegswinter gibt es noch große musikalische Ereignisse. Claudio Arrau gibt ein Klavierkonzert, Siegmund von Hausegger (68) kommt wieder nach Hamburg, um eigene Werke zu dirigieren, Wilhelm Knappertsbusch dirigiert.

„Truppenbetreuung" wird zur Pflicht. Die Wehrmacht steht vor Leningrad und Odessa, vom Nordkap bis Sizilien, vom Schwarzen Meer bis zur Biskaya. Oft sind die Konzerte öffentlich, das Publikum besteht nicht nur aus Soldaten, die Philharmoniker können den Menschen der besetzten Gebiete zeigen, daß aus Deutschland nicht nur Macht und Gewalt kommen.

Aber dann kommt die große Wende. An den Fronten heißt sie Stalingrad, in der Heimat Hamburg. „Unternehmen Gomorrha" nennen die Engländer den ersten Versuch in der Weltgeschichte, eine Stadt durch Bomben völlig zu zerstören. Es gelingt nicht, aber was Anfang August 1943 von Hamburg, das über 50 000 Todesopfer zu beklagen hat, noch übrig ist, gleicht Gomorrha mehr als einer Großstadt. Total zerstört wurden durch Luftangriffe 43 058 Wohnhäuser mit 277 330 Wohnungen. Total- oder teilbeschädigt wurden 73 Prozent aller Gebäude. Im Bericht des Statistischen Landesamtes heißt es: „Das in Hamburg zerstörte Wohnungsvolumen entspricht dem Gesamtwohnungsvolumen der Städte Nürnberg, Augsburg, Ludwigshafen, Würzburg und Regensburg."

Konzert des Philharmonischen Staatsorchesters in Olso. Eugen Jochum dirigiert

Publikum in Oslo: nicht nur Soldaten, sondern auch Bewohner der norwegischen Hauptstadt

Hamburg in Flammen. Im Vordergrund der brennende Alsterpavillon, dahinter die wohlbekannten Häuser des Jungfernstiegs

Stadt Hamburg an der Elbe Auen war nicht mehr herrlich anzuschauen. Es konnte den traurigen Rekord verbuchen, die bis Hiroshima (August 1945) am totalsten zerstörte Stadt der Weltgeschichte zu sein. Das bezieht sich gleichermaßen auf Menschenverluste wie Gebäudeschäden, Dresden (Februar 1945) nicht ausgeschlossen. Aus „akustischen Gründen" waren auch nach dem Bau der Musikhalle (1908) viele philharmonische Konzerte im Conventgarten veranstaltet worden. In der Juli-Katastrophe von 1943 ging er in Flammen auf. Nur die Fassade blieb stehen. Und was an philharmonischer Aktivität übrigblieb, läßt sich nur noch in dem Satz zusammenfassen: Truppenbetreuung, Wunschkonzerte, Konzerte in Lazaretten und Rüstungsbetrieben. Statistisch: 21 philharmonische und 45 öffentliche Volkskonzerte bis zum Ende des Zweiten Weltkrieges.

Das Ende des Conventgartens, Schauplatz vieler großer musikalischer Ereignisse

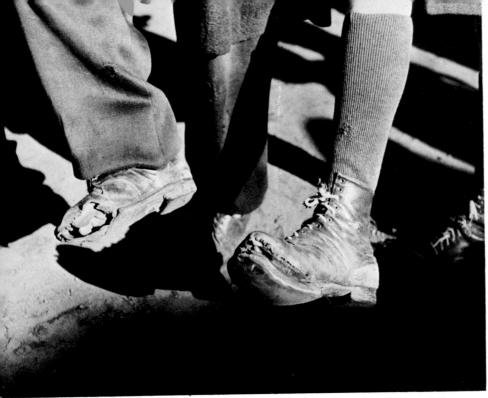

Keine Schuhe, keine Züge, Ausgehverbote – aber bald wieder Konzerte. Dokumente von 1945

Konzerte in Hamburg

Hamburg wird in Kürze Gelegenheit haben, Konzerte zu genießen, wie die „Neue Hamburger Presse" erfährt. Das H a m b u r - g e r P h i l h a r m o n i s c h e O r c h e s t e r wird nämlich mit Genehmigung der Militärregierung am Sonntag, dem 1. Juli d. J., sein erstes Konzert geben. Die Veranstaltung findet um 17.30 Uhr in der Musikhalle statt. Auf dem Programm stehen vorläufig Werke von Ludwig van Beethoven, Tschaikowsky sowie anderen weltbekannten Komponisten.

Während der zeitweiligen Abwesenheit von Eugen Jochum, der, wie man hört, in Zukunft wieder die Leitung des Orchesters übernehmen soll, leitet der ehemalige Erste Dirigent der Staatsoper, Bittner, das Eröffnungskonzert in der Musikhalle.

Längere Ausgehzeiten

Die Dauer des Ausgehverbots für die Hansestadt Hamburg und Schleswig-Holstein wurde jetzt neu festgesetzt. Es beginnt in der Zeit bis einschließlich 5. August um 22.15 Uhr und endet um 5.00 Uhr. Vom 6. August bis auf weiteres dauert es von 22.30 bis 4.30 Uhr.

Fernverkehr wird eingestellt

Die Kohlenlage zwingt dazu, vom Freitag, 2. November, ab den Fernreiseverkehr mit Personenzügen bis auf weiteres einzustellen. Benutzt werden können nur noch:

1. die bisher für den Verkehr freigegebenen Leergüterzüge in Richtung Bremen und Hannover,

2. alle Güterzüge, die für Personenbeförderung besondere Personenwagen mitführen;

3. die dem Berufsverkehr dienenden Züge des Nahverkehrs.

Auf den Bahnhöfen der Provinz Schleswig-Holstein dürfen keine Karten mehr für den Übergangsverkehr über Hamburg hinaus verkauft werden.

Landarbeiter, Eisenbahner, Musiker

Aufforderung zur Arbeit

Einsatz für die Landwirtschaft

Eine große Zahl von ehemaligen Wehrmachts-Angehörigen wird in Kürze für die Arbeit in der Landwirtschaft freigestellt werden. Landwirtschaftliche Arbeitgeber, die noch Arbeitskräfte benötigen, haben sich bei ihrem nächsten Arbeitsamt oder einer Nebenstelle zu

Meldung von Musikern

Die Landräte wurden beauftragt, Einzelheiten über Orchestermusiker zu sammeln, die in Orchestern von Sonderklasse, 1. und 2. Klasse spielten.

Alle diese Musiker werden aufgefordert, sich bei ihrem zuständigen Landrat zwecks künftiger Anstellung zu melden.

Die Schrecken des kommenden Winters

Eine Warnung des Hamburger Bürgermeisters Rudolf Petersen

Der Winter mit seinen Schrecken steht vor der Tür. Dringende Sorge bestimmt mich, in der Zeitung das Wort zu ergreifen. Der Ernst der Lage wird noch weitgehend verkannt. Man denkt gerade hier in H a m b u r g sei es doch besser gegangen, als man befürchtet hat. Es könne doch nicht sein, daß wir keinerlei Kohle bekommen, die Kohlenförderung sei doch auf 125 000 t täglich gestiegen. Man liest über die Verbesserung der Eisenbahnverhältnisse und der Rheinschiffahrt. Man nimmt an, die

Die Kapitulation vom 3. Mai 1945 war bedingungslos, der Zusammenbruch total. Familien suchten vergeblich ihre Angehörigen, ohne Post, ohne Eisenbahn. Da muß es wie ein Wunder erscheinen, daß die Philharmoniker schon am 1. Juli zum ersten Konzert in die Musikhalle einladen konnten. Eugen Jochum führte sein Orchester durch Jahre, in denen Menschen verhungerten und erfroren und in denen ein Brikett als Eintrittspreis willkommener war als wertloses Papiergeld. Die Philharmoniker sorgten sogar für Brennmaterial im schlimmsten Winter, 1946/47. Es war Bürgermeister Brauers Idee, Kunst gegen Kohle zu tauschen. Hamburg lieferte Musik, das Ruhrgebiet Kohle. So entstanden die Ruhrfestspiele Recklinghausen. 1948 verlieh der Senat Jochum den Professorentitel, 1949 ging er als Chefdirigent zum Bayerischen Rundfunk.

Die Uniformen haben gewechselt. Engländer als Publikum

„Die Zeit war großenteils voller Sorgen und schwer verdüstert durch die furchtbare Katastrophe des 2. Weltkriegs mit seinen verheerenden Folgen . . ." (Abschiedsbrief von Jochum 1949)

Wieder am Pult: Eugen Jochum

Am 3. März 1952 kam Paul Hindemith (56) nach Hamburg, um sein Requiem zu dirigieren und den Bach-Preis der Stadt in Empfang zu nehmen. 16 Jahre vorher war er aus Deutschland emigriert, weil selbst Furtwängler seinen „Mathis der Maler" im Dritten Reich nicht durchsetzen konnte. Hindemiths Werke fielen unter das Pauschalurteil „Entartete Kunst". Für Joseph Keilberth, allen ultramodernen Experimenten abhold, zählte Paul Hindemith längst zu den Klassikern. Hindemith war schon 1950 in Hamburg gewesen. „Es ist schön wieder in Hamburg zu sein", schrieb er ins Gästebuch der Philharmoniker.

Es ist schön, wieder nach Europa zurückzukommen
besonders nach Deutschland
besonders nach Hamburg
besonders zum Hamburger Orchester.
Mit ganz besonders guten Wünschen
Paul Hindemith
12. Sept. 1950.

Paul Hindemith dirigiert sein Requiem (März 1952). Links: Liebeserklärung an Hamburg und sein Orchester

Ein Orchester aus dem Nichts wieder aufzubauen, das hatte Jochum in Hamburg vollbracht, Joseph Keilberth in Dresden. 1951 wurde er 42jährig Generalmusikdirektor in Hamburg. „Wenn du wissen willst, was ein Dirigent taugt, so frage nicht das Publikum. Frage auch nicht die Musikschreiber, obzwar die meisten fachkundig, frage vielmehr die Orchesterleute, die unter ihm gespielt haben. Die wissen es ganz genau", begann Prof. Joachim Beck ein Porträt über Keilberth. Es gab auch in Hamburg manchen, der Keilberth seine allzu sparsame Gestik übelnahm, daß er so gar keine „Show" machte. Er selbst tat das mit einem Satz ab: „Es gibt Dirigenten, die brauchen sich, um Musik zu machen, und Dirigenten, die die Musik brauchen, um sich zu machen." Musiker und Solisten wußten, was sie an ihm hatten. Wilhelm Kempff, Clara Haskil, Alfred Cortot, Friedrich Wührer, Wolfgang Schneiderhan . . . Das sind nur wenige von denen, die zu ihm nach Hamburg kamen. „Es gibt in Hamburg für mich zwei große Erlebnisse", pflegte er zu sagen, „den Elbwanderweg und das Staatsorchester." Dennoch konnte auch er nach acht Jahren dem Ruf in den Süden nicht widerstehen, als Chef an die Bayerische Staatsoper zu gehen. Mitten im zweiten Akt des „Tristan" brach er am 20. Juli 1968 am Dirigentenpult tot zusammen.

Joseph Keilberth: Dirigent der sparsamen Gestik. Unten: nach acht erfolgreichen Jahren Abschied mit Blumen. Ganz links: Kompliment an Orchester und Bürger

Keilberth war gegangen, und ein Nachfolger war noch nicht zur Stelle. Man bat Gastdirigenten, die Konzerte zu leiten. Es kamen u. a.: Pierre Monteux, Otmar Suitner, auch Keilberth aus München und aus dem eigenen Hause Leopold Ludwig. Er dirigierte zu Mahlers 100.

Geburtstag (7. Juli 1960) dessen 1. Symphonie. Seit 1951 war Ludwig Generalmusikdirektor der Staatsoper und daher dem Orchester eng verbunden. In 19 Spielzeiten (bis 1970) hat Ludwig in Hamburg 1266 Aufführungen dirigiert.

Leopold Ludwig, als Konzertdirigent Gast, als Operndirigent ständiger Orchesterchef der Philharmoniker

„Hamburg war ein wesentlicher Teil meines Lebens", sagte Wolfgang Sawallisch, als er 1973 Hamburg verließ. In zwölf Jahren hatte er die Philharmoniker zu „seinem" Orchester gemacht. 315 Konzerte hat er außer Gastspielen in der ganzen Welt dirigiert, darunter Jahr für Jahr Brahms' Deutsches Requiem in der Michaeliskirche. Der Senat verlieh ihm beim Abschied die Brahms-Medaille, und die Philharmoniker machten ihn – als ersten – zum Ehrenmitglied. Wie Jochum und Keilberth ging Sawallisch nach München.

Wolfgang Sawallisch (38) erster GMD der Nachkriegsgeneration. Sawallisch begann seine Laufbahn 1947 als Kapellmeister in Augsburg.

Wolfgang Sawallisch, zwölf Jahre lang (1961–1973) Hamburgischer Generalmusikdirektor, Chefdirigent des Philharmonischen Staatsorchesters

17. Juni 1962: Ankunft in Fuhlsbüttel

Moskau und New York hatten sich um die Ehre bemüht, Igor Strawinsky, den „Picasso der Musik", an seinem 80. Geburtstag bei sich zu haben. Strawinsky kam nach Hamburg und blieb neun Tage. Die „Stiftung zur Förderung der Hamburgischen Staatsoper" hatte dafür 160000 Mark aufgebracht. 1929 hatte Strawinsky bei einem Besuch in Hamburg scherzend geklagt: „Nirgends habe ich je niedrigere Tantiemen bekommen." Der achtzigjährige dirigierte selbst die Philharmoniker während einer der fünf Aufführungen seines Balletts „Apollon Musagéte".

Strawinskys Dank für das „Happy Birthday" beim Empfang

Gastgeschenk Bürgermeister Nevermanns: Lessings Hamburgische Dramaturgie

Pierre Monteux (84) dirigierte in Hamburg 1959 Beethoven und Ravel

Pierre Monteux, der „Nestor der Dirigenten" übernahm noch mit 86 Jahren die Leitung des Londoner Symphonie-Orchesters. Seit 1916 lebte der gebürtige Pariser meist in Amerika. Er starb 1964.

Hans Knappertsbusch (75) dirigierte 1964 in Hamburg Beethoven, Haydn und Brahms

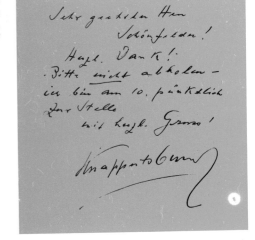

Ernest Ansermet (81) dirigierte 1964 in Hamburg Schumann und Debussy

Ernest Ansermet lernte bei Mottl in München und Nikisch in Berlin dirigieren. Sein Aufstieg begann 1918 mit der Leitung der Uraufführung der „Geschichte vom Soldaten" seines Freundes Strawinsky.

Typisch für Hans Knappertsbusch: „Nicht abholen, bin pünktlich zur Stelle." Als Dirigent dagegen ist das Improvisieren seine Stärke. Wirkungsstätten u. a.: Wien, Berlin, München und Bayreuth.

Sir John Barbirolli (69) dirigierte 1968 in Hamburg Mozart, Debussy und Sibelius

Dietrich Fischer-Dieskau (43) gibt Autogramme. Er sang 1966 in Brittens War Requiem

Von keinem Sänger wurden so viele verschiedene Schallplatten gepreßt wie von Dietrich Fischer-Dieskau. Sein Repertoire reicht vom einfachen Lied über Opernarien bis zum „War Requiem" von Benjamin Britten.

Igor Markevitch kam als Kind aus der Ukraine in die Schweiz. Er machte sich zuerst als Komponist, dann als Dirigent einen Namen. Lange Jahre leitete er die Dirigierklasse des Moskauer Konservatoriums.

Igor Markevitch (55) dirigierte 1967 in Hamburg eigene Werke und Sibelius

Sir John Barbirolli, Engländer italienischer Abstammung, war Nachfolger Toscaninis als Chefdirigent der New Yorker Philharmoniker. Seit 1943 Chefdirigent des Hallé-Orchesters in Manchanster.

Karl Böhm, seit fünfzig Jahren immer wieder Gast in Hamburg

Opernprobe unter Karl Böhm. „Salome" von Richard Strauss

Anläßlich seines 80. Geburtstags (28. August 1974) hat das Philharmonische Staatsorchester Hamburg Karl Böhm als erstem und einzigem den Titel eines Ehrendirigenten verliehen. Außer 1931 (beim Stadttheater-Orchester) ist Böhm nie Generalmusikdirektor in Hamburg gewesen, aber er hat in unserer Stadt seit fünfzig Jahren sowohl als Konzert- wie auch als Operndirigent die großartigsten Aufführungen geleitet, so daß es ganz gleich ist, an welcher Stelle dieses Buches man ihn zeitlich placiert. Karl Böhm hat die Philharmoniker von heute entscheidend mitgeprägt. Wahrscheinlich ist kein anderer Dirigent weltweit mit so vielen Ehrungen überhäuft worden, aber seinerseits hat er die Hamburger Philharmoniker auf eine ganz besondere Weise ausgezeichnet. Nach einem Konzert schenkte er seinen Taktstock spontan dem Orchester. Eine Geste, die beweist, wie er sich mit Hamburg verbunden fühlt.

Arturo Benedetti Michelangeli (53) spielte 1973 in Hamburg Beethoven. Das begeisterte Publikum erhielt Zugaben

,,Er ist verrückt, aber er ist genial", sagte ein italienischer Kritiker von seinem Landsmann Arturo Benedetti Michelangeli, der einen großen Teil seiner Gagen dafür aufwendet, seinen eigenen Flügel und Klavierstimmer zu jedem Konzert mitzubringen. Nach Hamburg kam er, weil die Begegnung mit Carlos Kleiber als Dirigent ihn reizte. ,,Eine Wahlverwandtschaft von Feuer und Wasser", schrieb die FAZ dazu

,,Unter Deutschlands jüngeren Dirigenten gilt er als das einzige Genie", schrieb der Stern über Carlos Kleiber, ,,aber auch als der große Schwierige." Ein Zusammenspiel mit Benedetti Michelangeli wie in Hamburg war wohl nur einmal möglich. Als Beethovens Es-dur-Klavierkonzert in Berlin für den Rundfunk aufgenommen werden sollte, gerieten die Exzentriker aneinander. Kleiber reiste einfach ab.

Carlos Kleiber (42), Sohn des berühmten Erich Kleiber, dirigierte drei philharmonische Konzerte

Emil Gilels, Symbol russischer Klavierkunst, häufiger Gast in der Philharmonie

Sawallisch hat kein Hehl daraus gemacht, daß zu den schönsten Erinnerungen seiner Hamburger Zeit der Zyklus aller fünf Klavierkonzerte von Beethoven, gespielt von Emil Gilels, gehört. Das war 1970, und Gilels war schon 54 Jahre alt. Warum diese Betonung des Alters? Weil Gilels, über dessen Talent als 13jähriger Artur Rubinstein während einer Rußlandtournee „erschrak", im Westen lange ein Unbekannter blieb. Mit 17 hatte er 1933 den Musikpreis der Sowjetunion gewonnen, aber politische Spannungen, Krieg und kalter Krieg verhinderten die große internationale Karriere. Sie begann unaufhaltsam 1952 in Florenz, 1955 vor der UNO in New York, 1960 mit einer Deutschland-Tournee. Mit Swjatoslaw Richter und dem Wahlamerikaner Horowitz gilt er als Symbol russischer Klavierkunst. Gilels blieb Hamburg und den Philharmonikern treu und kam noch mehrmals zu Konzerten. 1973 verlieh ihm der Senat die Brahms-Medaille, die außer ihm nur noch zwei Künstler aus dem nichtdeutschsprachigen Ausland bekamen: der Finne Jean Sibelius und der Franzose Robert Casadeus.

Sawallisch dirigiert, Gilels spielt Beethoven

Nach gemeinsamem Erfolg: der Dirigent applaudiert

Horst Stein. Musik, wie sie sich im Gesicht des Dirigenten widerspiegelt

Mit der Neunten verabschiedete sich Sawallisch am 28. Mai 1973. Die nächste Saison war mit acht Gastdirigenten gesichert, man brauchte die Wahl des neuen „Generals" nicht zu überstürzen. Kommissarisch übernahm Horst Stein (44) die Leitung. Ein alter Bekannter in Hamburg. 1951–1955 war er Kapellmeister und Solorepetitor, 1961 bis 1963 stellvertretender und 1972 (bis 1977) Generalmusikdirektor der Hamburgischen Staatsoper. 1961 kam er aus Ostberlin. Opernchef Stein hatte erklärt, daß der Mauerbau die ihm vertraglich zugesicherte Freizügigkeit einschränke, und blieb nach einem Gastspiel im Westen.

Zukerman auf der Guarneri: Beethovens Violinkonzert

Als der israelische Geiger (und Dirigent) Pinchas Zukerman 1974 zum erstenmal nach Hamburg kam, war er 26 und sein bei Bernstein in New York begründeter Weltruf fünf Jahre alt. Auf die Frage eines Interviewers, ob seine Art der Interpretation beim Publikum immer ankomme, sagt er selbstbewußt: „Wenn ich mir vorgenommen habe, jemand zu überzeugen, dann schaffe ich es auch, weil ich selbst überzeugt bin von dem, was ich tue."

Dirigent Juri Ahronovitch fütterte zwischen den Konzerten die Schwäne auf der Alster. Aus Heimweh: „Sie erinnern mich an die Newa und Leningrad." 1974 kam er zum erstenmal nach Hamburg, 1976 konzertierte er hier mit seinem alten Freund, dem Geiger Boris Goldstein. Beide Künstler waren Opfer des Stalin-Regimes gewesen. In Hamburg sahen sie sich zum erstenmal, seit sie die Heimat verlassen hatten.

Wiedersehen in Hamburg: Dirigent Ahronovitch, Geiger Boris Goldstein

Brahms' „Deutsches Requiem"
(1975). Solisten: Hermann Prey und
Helen Donath

Hermann Prey (Jahrgang 1929): „Ich will kein berühmter Sänger werden, sondern ein populärer." Er ist beides. Der Biographiendienst Munzinger-Archiv sagt über ihn: „Es ist ihm gelungen, Vorurteile niederzusingen, quer durch die Gattungen behauptet er heute im Konzertsaal, auf der Bühne und als Fernsehstar seinen Platz, und jedes Publikum kann ihn getrost als den seinen reklamieren." In Hamburg so gut wie in New York. Das Repertoire des Baritons reicht von der großen Opernrolle bis zum Oratorium und einfachen Lied.

So lange ist das schon wieder her. 1973: Alsterschwimmhalle und Congress Centrum Hamburg eröffnet, 1974: Köhlbrandbrücke und neuer Elbtunnel dem Verkehr übergeben, 1975: Die Heide brennt, das Kulissenlager der Oper verbrennt.

Aldo Ceccato übernahm 1975 die Leitung der Philharmonischen Konzerte, 1976 wurde er Hamburgischer Generalmusikdirektor. Das Foto zeigt ihn mit dem sowjetischen Geiger Leonid Kogan (1977). Kogan (53) beherrscht auswendig ein Repertoire, mit dem er acht Solistenabende bestreiten kann, was er in Japan in einer einzigen Woche bewies. Leonid Kogan gibt im Durchschnitt 22 Konzerte im Monat.

Ceccato und Kogan bei Aufnahmen in Hamburg für einen deutschen 45-Minuten-Fernsehfilm über den Geiger (1977)

Maurizio Pollini (36) spielt in Hamburg das 1. Klavierkonzert von Brahms (1978)

Eine Orchesterprobe mit Igor Oistrach (47) – Violinkonzert von Jean Sibelius (1978)

Maurizio Pollini, Mailänder wie Aldo Ceccato, war 1978 erstmalig in der Philharmonie. Pollini ist ein Schüler Benedetti Michelangelis. „Wenn er Beethoven spielt, klingt es, als habe er ihn gerade auseinandergenommen, um ihn auf unheimlich geniale Weise wieder zusammenzusetzen", schrieb ein Kritiker. – Igor Oistrach ist Schüler seines berühmten Vaters David Oistrach, der 1974 mit 67 Jahren während eines Gastspiels in Amsterdam starb.

Eugen Jochum, immer wieder zu Gast in Hamburg. Hier im Jahre 1976: Schüler besuchen eine Probe seines Konzerts

Karl Böhm, Eugen Jochum, Joseph Keilberth, Wolfgang Sawallisch, Aldo Ceccato . . . Ihre Namen sind die Marksteine in der Geschichte der letzten 50 Jahre des 150jährigen Orchesters. Keilberth lebt nicht mehr. Alle anderen werden in der Jubiläumssaison wieder vor „ihrem" Orchester stehen. Jochum, Sawallisch und Ceccato sogar in einem gemeinsamen Mozart-Konzert. Karl Böhm wird Bruckner dirigieren und auch Horst Stein, der als Interimschef vor Ceccato die Philharmoniker betreute, kommt aus Genf, wo er Chefdirigent des Orchestra de la Suisse Romande ist. Sawallisch ist Generalmusikdirektor der Bayerischen Staatsoper, Böhm und Jochum sind inzwischen in der ganzen Welt zu Hause, der eine mit Schwerpunkten in Berlin, Wien und Salzburg, der andere mit London und Amsterdam.

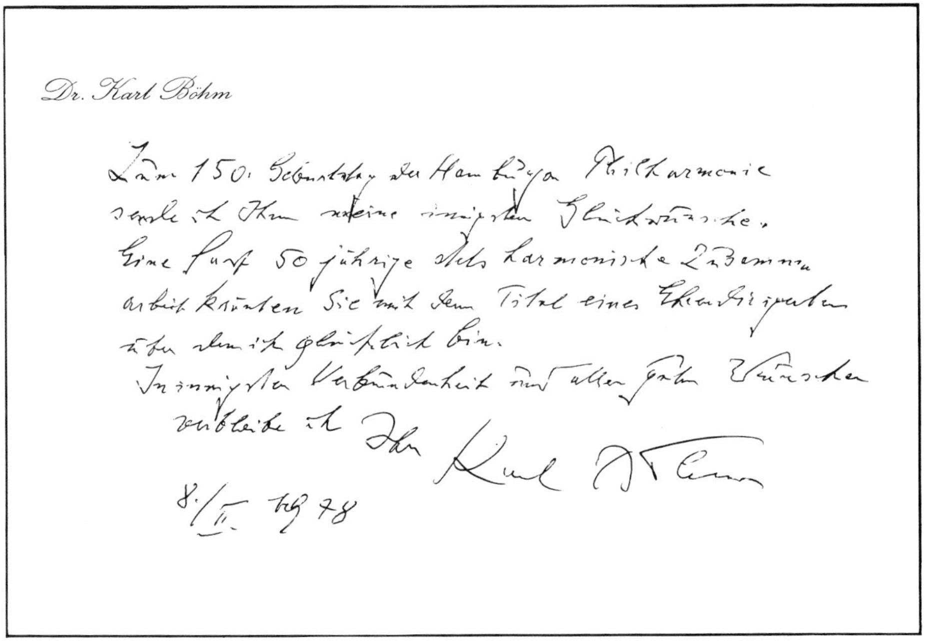

Dr. Karl Böhm

[handwritten letter]

Zum 150. Geburtstag der Hamburger Philharmonie sende ich Ihnen meine innigsten Glückwünsche. Eine fast 50 jährige künstlerische Zusammen-arbeit könnten Sie mit dem Titel eines Ehrendirigenten ehren den ich glücklich bin. In innigster Verbundenheit und mit allen guten Wünschen verbleibe ich Ihr Karl Böhm

8/II 1978

Karl Böhms Glückwunsch zum 150. Geburtstag: „In innigster Verbundenheit und mit allen guten Wünschen"

Ehrendirigent und Orchesterdirektor, Karl Böhm und Ernst Schönfelder: ein Prost auf die Zukunft

Heute präsentiert sich das Philharmonische Staatsorchester unter Leitung von Aldo Ceccato hamburgisch, deutsch und weltoffen. Hamburgisch, weil die Philharmoniker um ihre Verpflichtung wissen, möglichst viele Bürger dieser Stadt zu erreichen. Deutsch, weil sie sich der deutschen Musiktradition verpflichtet fühlen. Weltoffen, weil die Musik hilft, Grenzen zu überwinden und die Philharmoniker auf dem besten Wege sind, im Konzert der großen Orchester der Welt mitzuwirken.

Noch nie war das Philharmonische Staatsorchester so sehr eine „Internationale" wie im 150. Jahr seines Bestehens. Unter den Orchestermitgliedern sind 14 Nationen vertreten und der Chef ist ein Italiener, durch sein Studium in Berlin aber der deutschen Musiktradition eng verbunden.

Die Hmburger mögen ihre Philharmoniker ganz offensichtlich. Die Nachfrage nach Abonnements ist stets größer als die Möglichkeit, sie zu befriedigen. Auf Auslandsreisen, auch im Verband der Staatsoper, werden die Philharmoniker auch in Zukunft Hamburg als Musikstadt würdig zu vertreten suchen.

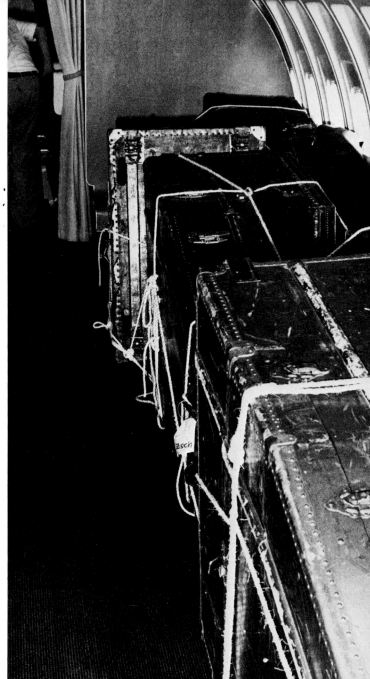

Empfindlicher als Flugpassagiere: die Instrumente des Orchesters. Sie nehemen es übel, wenn der Service an Bord nicht perfekt ist

Flagge zeigen sagt man in der Hafenstadt Hamburg und meint damit, sich vorstellen, sich zeigen, sich bekennen. 1950, fünf Jahre nach dem Untergang eines Reiches, das sich wenig Freunde geschaffen hatte, war es für Deutsche nicht leicht, Flagge zu zeigen, nicht einmal für Künstler. Günther Rennert, mit der Staatsoper und den Philharmonikern wagte es zunächst in Dublin, dann aber, 1952, gleich mit 18 Opernaufführungen beim Edinburgh-Festival. Der Empfang war kühl, der Abschied mehr als herzlich, und wenn man in Edinburgh sagte, diesesmal sei den Deutschen die „Invasion gelungen", war der Scherz nicht mit Bosheit gewürzt.

Und von da an tun sich die Tore auf. 1954 nimmt das Orchester an den Wiener Festwochen teil, 1956 wieder Edinburgh-Festival, 1960 – Bergen, Kopenhagen, 1962 – London, 1963 – Mailand, Kopenhagen, 1964 – zum erstenmal in den Osten, nach Warschau und 1966 in die DDR, außer Stockholm und London. 1967 – Montreal (Weltausstellung) und New-York (Metropolitan Opera), 1968 – Rom, Edinburgh und dann geht es immer weiter: Österreich, Schweiz, Israel usw. Und natürlich Gastspiele in der Bundesrepublik, die am Beginn des Jubiläumsjahres 1978 in einer Rundreise durch sieben deutsche Städte gipfeln und z. B. die Nürnberger Zeitung zur Feststellung veranlassen: „Man lernte beim Konzert in der Meistersingerhalle das Hamburger Philharmonische Staatsorchester schätzen, einen in allen Instrumentalgruppen prächtig besetzten Klangkörper, dessen Musiker hellwach reagieren und erst deutlich machen, welche Disziplin hinter Ceccatos Draufgängertum steckt. Ceccato musiziert con amore ed effeto, seine Impulse reißen mit."

Im Mai 1979 wird das Philharmonische Staatsorchester als Abschluß der Jubiläums-Saison in Südamerika „Flagge zeigen". Auf dem Reiseprogramm stehen: Argentinien, Brasilien, Chile, Uruguay und Venezuela.

1967: New-York. Rundfahrt auf dem Hudson nach der Gala in der Metropolitan

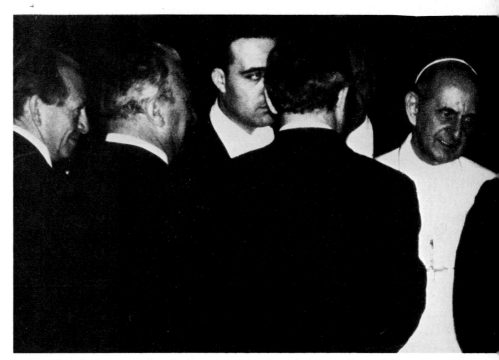

1968: Audienz beim Papst nach Richard Strauss' „Frau ohne Schatten" im Teatro dell'Opera

Publikum in Hut und Mantel – das Hamburger Klima erlaubt es nur selten anders

Bei Regen findet das Konzert im Saale statt. Das ist in unserem Klima bei den Rathauskonzerten meist der Fall. Als die Philharmoniker im Juni 1973 erstmals unter dem Hygieia-Brunnen musizierten, war es kühl, aber trocken. Dieses Buch hat bisher die „klassische" Entwicklung des Philharmonischen Orchesters gezeigt, auf den nächsten Seiten wird es die Philharmoniker als lebendigen Teil dieser Stadt zeigen, etwas vom Spektrum der Aktivitäten, zu denen gehört, daß die Chefdirigenten in Kammerkonzerten als Solisten auftreten (Sawallisch: Klavier, Ceccato: Klavier und Cembalo), daß sie Stadtteil-, Universitäts- und Schülerkonzerte geben, auf die Straße gehen (z. B. „Schlag zwölf", dienstags in den Colonnaden), bei Volksfesten dabei sind und sonntags in Kneipen philharmonisch musizieren.

Der junge Gastdirigent Guido Ajmone Marsan aus den USA dirigierte ein Rathauskonzert der Philharmoniker

Der Innenhof des Rathauses: würdiger Rahmen für festliche – und gelegentlich auch populäre Konzerte (z. B. James Last)

Es macht Spaß, sich von Renate Greiss die Flötentöne beibringen zu lassen

Mehr als 80 Jahre sind vergangen, seit am 3. April 1898 im Concerthaus am Millerntor der „Verein der Hamburgischen Musikfreunde" das erste Volksschüler-Konzert veranstaltete. 80 Jahre und rund 1000 Konzerte. Die Tradition ist erhalten, der Stil hat sich gewandelt. Es genügt nicht mehr, Kinder andächtig lauschen zu lassen, die sich Musik per Knopfdruck von der Platte, der Kassette, dem Rundfunk und Fernseher beliebig oft herbeizaubern können. Man muß ihnen die Musik, die „richtige" Musik, verständlich machen. Immer noch gehen Schulklassen in Konzerte und Proben, aber die Philharmoniker gehen auch (ohne Frack) zu ihnen in die Schulen. Und hier wie dort ist das Gespräch, das Anfassen und Ausprobieren der Instrumente so wichtig wie die Musik selbst.

Am 12. Mai 1978 gab es ein Schülerkonzert in der Musikhalle. Gemischtes Programm: Schubert, Mozart, aber auch Pendereckis „Polymorphia", modern und schwierig. „Wie wird man Philharmoniker? Ist Dirigieren schwer?" fragten die Schüler. Aldo Ceccato antwortete auf jede Frage und holte drei Jungen aufs Podium, damit sie es selbst einmal mit dem Taktstock probierten. Nur bei einer Frage mußte Konzertmeister Folkert Daneke als Übersetzer für Platt einspringen. Eine Zwölfjährige wollte wissen: „Kommen Sie beim Dirigieren nicht in Tüdel?" Eine Lehrerin ließ ihre Klasse anschließend ihre Eindrücke aufschreiben. Hier einige Kostproben:

„Was mir gut gefallen hat: daß der Dirigent aus heiterem Himmel welche aus dem Publikum geholt hat, daß er auch Autogramme gab, daß wir zuletzt noch auf den Instrumenten spielen durften. Nicht gefallen hat mir, daß die Arbeiter die Instrumente so schnell wegbrachten."

„Ich fand ganz toll, daß der Dirigent so lustig war. Da saß man nicht so ruhig und konnte auch

Schulkonzert in der Aula des Gymnasiums Farmsen an der Swebenhöhe

Akiko Makino und Alfred Eichler erklären den Kindern die Geigen

Erstaunliches Ding, so ein Fagott. Joachim Stehr spielt.

mal herzhaft lachen. Das war nicht so beklemmend, wie ich gedacht hatte, und langweilig war es auch nicht."

„Negativ war, daß die Kinder immer Papier vom Balkon heruntergeworfen haben."

„Ich meine, daß es Spaß macht zuzugucken,

aber ich liebe mehr andere Musik (Rock). Ich fand das letzte Stück gar nicht so schlecht, doch das von Pen . . . (?) mochte ich gar nicht."

„Der Dirigent hat mir gut gefallen. Vor allem seine ruckartigen Bewegungen fand ich lustig."

„Viele Fragen waren leider stumpfsinnig."

Solch einen Unterricht vergißt man nicht. Hans Jakobs (†) erklärt die Harfe, Heinrich Keller bläst das Horn.

Sonntags 11 Uhr: Philharmonischer Früh-schoppen. Wer zu spät kommt, findet nicht einmal einen Stehplatz. ,,Auch Brahms braucht einen duften Schuppen", schrieb Kritiker Peter Forster treffend. Schauplätze dieser beliebten und kostenlosen Veranstaltungen sind denn auch: Onkel Pö's, Schwenders Etablissement, auch mal das ,,Historant" im Museum für Hamburgische Geschichte oder die Opera sta-bile. Die Programme: Von ,,Ladies Morning Music" über ,,Maibowle" zu ,,Musique pour sourire".

,,Ladies Morning Music" in ,,Onkel Pö's Carne-gie Hall" am Lehmweg

„Eine kleine Nachtmusik" auf dem nächtlichen Jungfernstieg. Das „Alstervergnügen" bringt im besten Sinne Kultur auf die Straße

Die berühmteste Zeitung der Welt, die altehrwürdige „Times", schrieb im Juli 1978: „Hamburgs Straßen sind eine einzige Bühne – und das Alstervergnügen ist ein kulturelles Glanzlicht, um das Hamburg von vielen Städten beneidet wird." Zu viel der Ehre vielleicht, aber immerhin eine Anerkennung für den seit 1975 in jedem Sommer wiederholten Versuch, die Innenstadt für einige Tage nicht nur zum Rummelplatz, sondern auch zu einem kulturellen Mittelpunkt zu machen. Das Konzert der Philharmoniker gehört dabei sicher zu den Höhepunkten. Als Aldo Ceccato Mozarts „Kleine Nachtmusik" und Händels „Feuerwerksmusik" dirigierte, hörten 30000 Menschen zu. So viele Zuhörer faßt kein Konzertsaal.

Aldo Ceccato (rechts) als Straßenmusikant. Das Bild unten zeigt echte „Pankokens" um die Jahrhundertwende

Die Philharmoniker sind keine Freunde von Traurigkeit. Bei der Sendung der „Aktuellen Schaubude" des NDR zum Opernfest (300 Jahre Staatsoper) traten neun von ihnen, vom Generalmusikdirektor dirigiert, mit Prinz-Heinrich-Mützen auf dem Kopf als „Pankoken-Kapelle" auf. Der Name dieser typisch hamburgischen Orchestervariante hat übrigens nichts mit Pfannkuchen zu tun. Er stammt von einem gewissen Leberecht Pankok aus Krempe in der Wilstermarsch, der als erster Anfang des vorigen Jahrhunderts Straßenmusik in Hamburg gewerbsmäßig betrieb. Heute gibt es noch zwei „echte Pankokenkapellen" in Hamburg. Man heuert sie sich zu Jubiläen, Hochzeiten und dergleichen an.

Aldo Ceccato

Auch im Namen der Philharmoniker danke ich unserem Publikum, das uns immer wieder fordert und beglückt, für seine stetige Treue.

Erst das Publikum macht aus Orchester und Dirigenten eine „Philharmonie", eine Gemeinschaft von Musikliebenden.

Hier in Hamburg ist eine solche philharmonische Gemeinschaft in lebendiger Tradition gewachsen. Wir werden versuchen, auch in der Zukunft diesen Erwartungen gerecht zu werden und sie hier und über Hamburgs Grenzen hinaus zu erfüllen.

Aldo Ceccato

„Erst das Publikum macht aus Orchester und Dirigenten eine Philharmonie . . .". Dieser Gruß des Generalmusikdirektors gilt den Menschen, die bei jedem Philharmonischen Konzert die Hamburger Musikhalle füllen.

Publikum

Das Philharmonische Staatsorchester Hamburg

Künstlerische Leitung: Aldo Ceccato
Orchesterdirektor: Ernst Schönfelder

Konzertmeister:
Otto Armin
Ernesto Mampaey
Friedrich Wührer
Wilfried Laatz

I. Violinen:
Folkert Daneke
Günther Michel
Werner Hansen
Günter Klein
Ortwin Sohst
Karl-Heinz Schneider
Heinz Donocik
Helmut Rahn
Udo Scheuermann
Lajos Kraxner
Henning Demgenski
Wolfgang Flies
Dimiter Pintev
Anton Vogel
Klaus Dau
Danuta Kobus
Amy Teare

II. Violinen:
Günther Karpinski
Alfred Eichler
Herbert Jahreis
Hans Proft
Oswald Kästner
Reinhold Gabriel
Peter Schmidt
Hubert Sistig
Wolfgang Westrup
Helga Rehm
Miyiki Odagiri
Michael Stricharz
Gerda-Maria Engel
Uta Funk
Hector Hernandez-Tolòn
Sanda-Ano Popescu

Harfen:
Renée Richter
Julie Raines

Flöten:
Jean-Claude Gérard
Renate Greiss
Klaus Holle
Michael Bardeli
Wolfgang Geidel
Gustav Fischer

Oboen:
Winfried Liebermann
Rainer Tadge
Harald Kaehne
Detlev Stoffelshaus
Heinz Alves
Rainer Herweg

Klarinetten:
Heinz Mönnig
Dietrich Hahn
Ferdinand Rohland
Dieter Seebohm
Josef Drechsler
Karl Peppler

Fagotte:
Frank Dietzelt
Rolf Ruthof
Joachim Stehr
Adolf Kern

Hörner:
Heinrich Keller
Hans-Helfried Richter
Hans Rastetter
Bertram Ulrich
Dorothy Habig
Werner Krämer
Erhard Schnell
Gerd Haucke

Herbert Knappe
Richard Kunze

Bratschen:
Hirofumi Fukai
Hans-Dieter Wipplinger
Martin Ledig
Werner Kupke
Oscar Hoorn
Hans Hilbich
Günther Grünig
Gisbert Otten
Siegfried Ricklinkat
Wolfgang Anton
Bruno Korzuschek
Peter Christoph Hänsel
Eberhard Reichel
Otto Georges Roth

Celli:
Wolfgang Laufer
Robert Reitberger
Walter Hillringhaus
Hans Berthold
Hans-Ernst Meixner
Willy Langpap
Kurt Donocik
Uwe-Peter Rehm
Hanns-Joachim Winter
Konrad Littmann
Claus Wulff
Klaus Stoppel

Kontrabässe:
Robert Götz
Gerhard Dzwiza
Hellmuth Rick
Helmuth Schafberg
Rolf Zschenker
Rolf Drenkhahn
Dieter Eschmann
Herbert Mathes
Peter Hubert

Trompeten:
Erich Hecht
Peter Kallensee
Lawrence Elam
Hans-Walter Sauer
Bernhard Gediga
Harald Willmann

Posaunen:
Walter Preu
Heinz Fadle
Herbert Schneider
Wolfgang Riedel
Hermann Henrich
Joachim Mittelacher

Tuba:
Ronald Pisarkiewicz

Pauken:
Ekkehard Welz
Hans Dammann

Schlagzeug:
William Zien
Hermann Klockow
Manfred Goldmann

Orchesterwarte:
Martin Blumentritt
Eugene Bustamente
Pasquale Cirulli
Barnabas Sebesteny
Uwe Wüsthoff
Bernd Scheffler

Sekretariat:
Anja Daniell

Das Orchester der Philharmonischen Gesellschaft (1922–1933) Dirigenten: Karl Muck/Eugen Papst

EHRENMITGLIED: Friedrich Warnecke. KONZERTMEISTER: Heinrich Bandler, 1. Konzertmeister; Jan Gesterkamp, 1. Konzertmeister; Karl Grötsch, 2. Konzertmeister; F. Leue, stellvertr. 2. Konzertmeister. SOLOCELLISTEN: Jakob Sakom, Paul Moth. HARFE: Frl. Dore Giesenregen. 1. VIOLINEN: L. Hennig, E. Herrman, M. Groschopp, M. Wedderien (O. V.), R. Pügner, H. Reuter, P. Bornkessel, G. v. Deyen, C. Lange, C. Piltz, F. Bosch, H. Fröhlich, S. Wolf. 2. VIOLINEN: A. Militzer, H. Beyer, F. Winkel, H. Vogt, J. Rieckmann (O. V.), K. Trost, G. Wenk, H. Semann, W. Stahl, R. Köhler, O. Schulz, O. Rühr, K. Buddenbaum, H. Fricke. BRATSCHEN: E. Corbach, A. Grünsfelder (O. V.), J. Möller, W. Arndt, C. Narbe, Th. Bansbach, H. Winter, H. Grauer-Carstensen, J. Nissen, F. Eichler. CELLI: Th. Beckenbach (O. V.), M. Petasch, W. Eingel, B. Borjes, C. de Freitas, W. Graul, O. Nowack, R. Schildbach. BÄSSE: G. Geithe, F. Löscher, H. Schölermann, H. Hennings, F. Rose, F. Glass, H. Bartels, F. Müller. FLÖTEN: H. Brinkmann (O. V.), L. Knöbber, G. Stolte, W. Compter. OBOEN: A. Reinhardt, H. Singelmann, M. Bley, B. Schlee. KLARINETTEN: H. Ullrich, R. Gräfe, H. Knoll, A. Scheunemann. FAGOTTE: A. Meyer, C. Weber, K. Henze, G. Schopenhauer. HÖRNER: A. Döscher, A. Buhl, K. Dau, K. Westermann, E. Koch, K. Fedder. TROMPETEN: F. Richter, R. Schäfer, G. Trautmann, A. Kubatsch. POSAUNEN: B. Schröder, Th. Ruhkopf, W. Spandau, Fr. Otto. TUBA: E. Hüner. PAUKEN: R. Grundmann, K. Perthes, Fr. Goetzke, Fr. Bürger. ARCHIVAR: P. Michael. PENSIONSKASSENWART: G. Marggraf. ORCHESTERDIENER: Th. Eckert, E. Hässler, G. Manzau.

Das Philharmonische Staatsorchester (1934–1949) Dirigent: Eugen Jochum

ORCHESTERVORSTAND: Arthur Goedke, Carl Lange, Fritz Winkel. ORCHESTERINSPEKTOR: W. Schneider. I. VIOLINEN: Wilfried Hanke, I. Konzertmeister; Rudolf Prick, Konzertmeister; Ottomar Borwitzky, Konzertmeister; Arnold Heß, Konzertmeister; May Groschopp, Hans Petersen, Max Wedderien, Paul Bornkessel, Georg v. Deyen, Carl Lage, Reinhold Heinrich, Arnold Hellberg, Hans Möller, Heinrich Bühling, Alfred Wunderlich, Max Klein, Franz Rosch, Karl Buddenbaum, Otto Rühr, Willy Deppe. II. VIOLINEN: Vorgeiger: Willy Stahl, Carl Schindler, Fritz Winkel, Gustav Brandt, Erich Wraske, Johannes Rieckmann, Arthur Gaedtke, Walter Wurzler, Rudolf Köhler, Otto Schulz, Wilhelm Schwarten, Hubert Fricke, Kurt Burgarth, Gustav Facklam, Josef Summer, Herbert Jischa, Robert Friedemann. BRATSCHEN: Kurt Forst, 1. Solobratschist; Emil Kessinger, Solobratschist, August Langbein, stellv. Solobratschist; Ludwig Schaubs, Julius Möller, Wilhelm Arndt, Karl Narbe, Otto Naundorf, Kurt Buggert, Hans Grauer-Carstensen, Hugo Winter, Johannes Nissen, Ferdinand Eichler, Viktor Kuntze. CELLISTEN: Rudolf Metzmacher, I. Solocellist; Heinrich Höltje, Solocellist; Otto Bogner, Solocellist; Hermann Weißbach, Max Petasch, Bernhard Borjes, Carlos de Freitas, Walter Graul, Rudolf Schildbach, Emil Franze, Wolfgang Krüger, Erwin Grützbach. BÄSSE: Erich Laudel, Solobassist; Hugo Neumann, Solobassist; Albert Schachtschnabel, stellv. Solobassist; Bernhardt Martini, Alfred Griesbach, Richard Rose, Heinrich Hönnings, Hermann Bartels, Fritz Müller, Michael Kraft. HARFEN: Hermann Thiem, Dore Giesenregen. FLÖTEN: Hans Brinkmann, Johannes Lorenz, Gerhardt Otto, Georg Stolte, Louis Knöbber, Alfred Schäning, Hans Bauer. OBOEN: August Gaebel, Albert Reinhardt, Max Körner, Karl Meißner, Hellmuth Kohl, Heinrich Welge. KLARINETTEN: Richard Gräfe, Bruno Wenzlaff, Hugo Stöckigt, Otto Niepel, Wilhelm Hähner, Arthur Scheunemann, Karl Jankowsky. FAGOTTE: Karl Franke, Christian Weber, Heinrich Emmel, Karl Henze, Werner Schneider, Erich Gruhle. HÖRNER: Albert Döscher, Herbert Rhode, Adolf Buhl, Wilhelm Runge, Max Naumann, Karl Dau, Ernst Koch, Hans Westermann, Paul Krüger, Friedrich Schmidt. TROMPETEN: Karl Weißgerber, Fritz Richter, Karl Neumann, Ernst Menzel, Richard Schäfer, Alfons Gediga, Friedrich Grampe. POSAUNEN: Arthur Laubichler, Franz Otto, Heinrich Schmitz, Paul Meisen, Willy Spandau, Paul Weber. TUBEN: Hans Barth, Emil Hüner. PAUKEN: Reinhold Grundmann, Alfred Stemmler. SCHLAGZEUGE: Hans Albrecht, Fritz Goetzke, Max Dams, Fritz Bürger. ORCHESTERDIENER: Oscar Mävers, Robert Jacob, Georg Mantzau, Louis Hiesener.

Das Philharmonische Staatsorchester (1951–1959)   Dirigent: Joseph Keilberth

KONZERTMEISTER: Wilfried Hanke, Rudolf Prick, Fritz Köhnsen, Friedrich Wührer. I. VIOLINEN: Carl Lange, Alfred Wunderlich, Georg von Deyen, Arnold Hellberg, Hans Möller, Max Klein, Franz Bosch, Carl Buddenbaum, Otto Rühr, Gustav Facklam, Willy Deppe, Josef Summer, Arnold Hess, Heinz Hardt, Hans Stiller, Werner Leidel, Erich Kunisch. II. VIOLINEN: Willy Stahl, Friedrich Bernhardt, Gustav Brandt, Gerhard Petritt, Karl Schindler, Rudolph Köhler, Otto Schulz, Willy Schwarten, Kurt Burgarth, Robert Friedemann, Willy Laatz, Alfred Hennigs, Walter Schall, Hans Proft, Alfred Koopmann, Oswald Kästner, Alfred Eichler. BRATSCHEN: Fritz Lang, Kurt Heinemann, Hans von Holt, Victor Kuntze, August Langbein, Reinhold Heinrich, Kurt Buggert, Hans Grauer-Carstensen, Hugo Winter, Ferdinand Eichler, Alfred Peschke, Martin Ledig, Werner Kupke. VIOLONCELLI: Fritz Sommer, Bruno Seeßelberg, Wolfgang Krüger, Carlos de Freitas, Walter Graul, Emil Franze, Erwin Grützbach, Alfred Kabitzke, Ernst Meixner, Erich Kondritz, Willy Langpap. KONTRABÄSSE: Erich Laudel, Hugo Neumann, Heinz Nel-lessen, Richard Rose, Heinrich Hennings, Hermann Bartels, Fritz Müller, Ernst Stilo, Helmuth Rick. HARFEN: Dore Giesenregen, Emmy Meisen. FLÖTEN: Hans Brinckmann, Klaus Schochow, Alfred Schäning, Wolfgang Geidel, Ernst Schönfelder. OBOEN: Franz Lauschmann, Jacob Foerg, Carl Meißner, Hellmuth Kohl, Bruno Böttger. KLARINETTEN: Heinz Mönnig, Ferdinand Rohland, Wilhelm Hähner, Werner Bartels, Karl Peppler. FAGOTTE: Karl Franke, Christian Weber, Heinrich Emmel, Horst Leisewitz, Adolf Kern. HÖRNER: Fritz Huth, Heinrich Keller, Adolf Buhl, Walter Reuband, Herbert Rhode, Kurt Thies, Wilhelm Runge, Friedrich Schmidt. TROMPETEN: Alfons Gediga, Herbert Thiel, Alfons Krause, Richard Schäfer, Johann Strohband, Friedrich Grampe. POSAUNEN: Franz Otto, Heinrich Schmitz, Arthur Laubichler, Wiegand Schneidenbach, Paul Meisen, Paul Weder. TUBEN: Emil Hüner, Rudi Schaefer. PAUKEN: Reinhold Grundmann, Alfred Stemmler. SCHLAGZEUG: Fritz Götzke, Hermann Richter, Robert Hinze. ORCHESTERWARTE: Georg Manzau, Werner Behrend.

Das Philharmonische Staatsorchester (1961–1973) Dirigent: Wolfgang Sawallisch

I. VIOLINEN: Helmut Heller, Ernesto Mampaey, Fritz Köhnsen, Friedrich Wührer, Folkert Daneke, Willy Deppe, Hans Stiller, Werner Leidel, Günter Michel, Werner Hansen, Ortwin Sohst, Günter Klein, Karl-Heinz Schneider, Heinz Donocik, Helmuth Rahn, Lajos Kraxner, Udo Scheuermann, Henning Demgenski, Wolfgang Flies, Dimiter Pintev, Anton Vogel, Joachim Schall. II. VIOLINEN: Günther Karpinski, Wilfried Laatz, Alfred Eichler, Herbert Jahreis, Walter Schall, Friedrich Bernhardt, Willy Laatz, Hans Proft, Alfred Koopmann, Oswald Kästner, Kurt Fricke, Reinhold Gabriel, Peter Schmidt, Hubert Sistig, Joachim Stahr, Wolfgang Westrup, Fritjof Nierlich. BRATSCHEN: Hirofumi Fukai, Hans-Dieter Wipplinger, Hans von Holt, Martin Ledig, Werner Kupke, Oskar Hoorn, Hans Hilbich, Günther Grünig, Gisbert Otten, Siegfried Ricklinkat, Wolfgang Anton, Bruno Korzuschek, Peter Christoph Hänsel, Eberhard Reichel. CELLI: Fritz Sommer, Bruno Seesselberg, Robert Reitberger, Walter Hillringhaus, Alfred Kabitzke, Hans-Ernst Meixner, Willy Langpap, Kurt Donocik, Hans Berthold, Uwe-Peter Rehm, Hanns-Joachim Winter. KONTRABÄSSE: Heinz Nellessen, Robert Götz, Hellmuth Rick, Ernst Stilo, Helmuth Schafberg, Rolf Zschenker, Gerhard Dzwiza, Rolf Drenkhahn, Dieter Eschmann. HARFEN: Hans Jacobs, Helga Stork. FLÖTEN: Klaus Schochow, Paul Meisen, Klaus Holle, Ernst Schönfelder, Wolfgang Geidel, Gustav Fischer. OBOEN: Winfried Liebermann, Rainer Tadge, Harald Kaehne, Detlev Lührmann, Heinz Alves, Rainer Herweg. KLARINETTEN: Heinz Mönnig, Dietrich Hahn, Ferdinand Rohland, Dieter Seebohm, Josef Drechsler, Karl Peppler. FAGOTTE: Joachim Stehr, Rolf Ruthof, Fritz Henker, Horst Leisewitz, Günter Klüppel, Adolf Kern. HÖRNER: Heinrich Keller, Hans-Helfried Richter, Jan Schröder, Hubert Bradel, Kurt Thies, Gerd Haucke, Werner Krämer, Walter Reuband, Herbert Knappe, Richard Kunze. TROMPETEN: Erich Hecht, Peter Kallensee, Alfons Krause, Herbert Thiel, Hans-Walter Sauer, Bernhard Gediga, Harald Willmann. POSAUNEN: Walter Preu, Heinz Fadle, Artur Laubichler, Wiegand Schneidenbach, Hermann Henrich, Friedrich Rhode. TUBEN: Rudi Schaefer, Hermann Gratzer. PAUKEN: Ekkehard Welz, Hans Dammann. SCHLAGZEUG: Robert Hinze, Hermann Klockow, Manfred Goldmann, Holger Garbs. ORCHESTERWARTE: Ernst Miersen, Wolfgang Kobek, Hermann Friedrich, Hans-Heinz Hegerhorst.

150 Jahre Philharmonie

1828 Am 9. November unterzeichnen Fr. W. Grund, Dr. Busch, Dr. Trummer, Oberst Stockfleth und Dr. Kunhardt das Gründungsprotokoll der Philharmonischen Gesellschaft, demzufolge „ein Verein beabsichtigt wird, wofür durch Subscription die Teilnahme eines geschlossenen Circels gewonnen werden soll. Der Zweck des Vereins wird auf Aufführungen von Symphonien und den ausgezeichnetsten Ouvertüren durch Musiker gerichtet sein, und zugleich hiesigen und auswärtigen Künstlern Gelegenheit bieten, sich vor einem gebildeten Publikum hören lassen zu können."

1829 Am 17. Januar findet das erste vorgesehene Privatconcert des neuen Vereins im Apollosaal statt, eingeleitet mit der 5. Symphonie von Beethoven. Der erste musikalische Leiter ist Fr. W. Grund.

1841 Norddeutsches Musikfest in einer 5000 Personen fassenden Festhalle. Unter den Mitwirkenden befindet sich auch Franz Liszt.

1848 Erstaufführung von Beethovens Violinkonzert durch Joseph Joachim.

1850 Robert Schumann dirigiert eigene Werke, darunter das Klavierkonzert mit seiner Frau Clara Wieck als Solistin.

1851 Der junge Hans von Bülow dirigiert zum ersten Male in Hamburg.

1859 Brahms spielt sein Klavierkonzert d-moll.

1863 Der gefeierte Bariton Julius Stockhausen übernimmt die Leitung der Philharmonischen Konzerte und der Singakademie.

1867 Julius v. Bernuth, der Begründer des Konservatoriums, wird Stockhausens Nachfolger.

1868 Der Conventgarten wird zum Konzertsaal der Philharmonie. Enger Zusammenschluß mit der Singakademie.

1869 Erstaufführung des „Deutschen Requiem" von Brahms.

1889 Tschaikowsky dirigiert seine 5. Symphonie, die Theodor Avé-Lallement, dem Präsidenten der Philharmonischen Gesellschaft, gewidmet ist. Johannes Brahms besucht eine Probe.

1894 Richard Barth wird Dirigent der Philharmonischen Konzerte (bis 1904).

1896 Gründung des Vereins Hamburgischer Musikfreunde, wodurch die Aufstellung eines ständigen Orchesters ermöglicht wird (Vorstand des Vereins ist der Bürgermeister Rudolph Petersen).

1897 Erste Konzerte für Schüler.

1900 Arthur Rubinstein erstmals in der Philharmonie.

1904 Max Fiedler übernimmt die Leitung der Konzerte. Volkskonzerte werden eingeführt, Dirigent José Eibenschütz (bis 1921).

1908 Einweihung der Musikhalle, einer Stiftung des Reeders Carl Laeisz. Arthur Schnabel, Pablo Casals, Wilhelm Backhaus und Edwin Fischer unter den Solisten der folgenden Jahre.

1910 Siegmund von Hausegger und Gerhard von Keußler verpflichtet (bis 1920).

1914 „Wilh. Furtwängler aus Lübeck" dirigiert zu erstenmal in Hamburg.

1918 Endgültige Verschmelzung der Philharmonischen Gesellschaft mit dem Verein Hamburgischer Musikfreunde.

1921 Gastdirigenten Wilhelm Furtwängler, Hermann Abendroth, Carl Schuricht, Fritz Busch, Fritz Reiner und Eugen Papst.

1922 Karl Muck leitet eine neue Epoche als Leiter der Philharmonie ein. Zweiter Dirigent Eugen Papst. Konzertmeister Heinrich Bandler.

1924 Beethovenfest unter Karl Muck.

1925 Walter Gieseking erstmalig in Hamburg.

1926 Otto Klemperer Gastdirigent.

1928 Hundertjahrfeier der Philharmonie mit drei Konzerten unter Karl Muck und Eugen Papst.

1930 Der 12jährige Menuhin spielt Beethovens Violinkonzert. Dirigent Karl Muck.

1931 Bruno Walter dirigiert und spielt Mozarts Klavierkonzert A-Dur.

1932 Prokofieff dirigiert seine „Symphonie Classique" und sein 3. Klavierkonzert.

1933 Strawinsky dirigiert sein „Capriccio". Brahmsfest zum 100. Geburtstag des Komponisten. Nathan Milstein erstmalig in

Hamburg. Am 19. Mai dirigiert Karl Muck sein letztes Konzert.

1934 Fusion des Philharmonischen Orchesters und des Stadttheaterorchesters unter dem Namen „Philharmonisches Staatsorchester". Leitung Eugen Jochum. Konzertmeister Wilfried Hanke. Unter den Gastdirigenten der folgenden Jahre Clemens Krauß und Hans Knappertsbusch.

1945 1. Juli erstes Konzert nach dem Kriege. Dirigent Albert Bittner. 5. Oktober Wiederbeginn der Abonnementskonzerte unter Eugen Jochum in der Musikhalle (Laeisz-Halle).

1947 Die Philharmoniker wirken bei der Gründung der Ruhrfestspiele in Recklinghausen mit. Die Konzerte für Schüler werden wieder aufgenommen; ständiger Dirigent Wilhelm Brückner-Rüggeberg.

1950 Joseph Keilberth zum Hamburgischen Generalmusikdirektor berufen. Ständiger Gastdirigent Leopold Ludwig, der Generalmusikdirektor der Staatsoper.

1952 Paul Hindemith empfängt den Hamburger Bachpreis und dirigiert sein „Requiem". Gesamtgastspiel mit der Staatsoper beim Festival in Edinburgh. Dirigenten: Leopold Ludwig, Joseph Keilberth, Georg Solti.

1954 Konzerte bei den Wiener Festwochen mit Beethovens 9. Symphonie und auf Schloß Esterházy mit Haydns „Schöpfung" unter der Leitung von Joseph Keilberth. Unter den Gastdirigenten Ernest Ansermet, André Cluytens und Pierre Monteux.

1955 Paris-Gastspiel mit der Staatsoper.

1956 Erneute Einladung zum Festival in Edinburgh mit der Staatsoper.

1960 Konzertreise nach Kopenhagen, Oslo, Stockholm, Helsinki und London. Dirigent Wolfgang Sawallisch.

1961 Wolfgang Sawallisch Hamburgischer Generalmusikdirektor. Konzertmeister ab 1962 Helmut Heller. –

1962 Igor Strawinsky dirigiert die Philharmoniker in der Staatsoper.

1963 Konzert in der Mailänder Scala unter Wolfgang Sawallisch. Igor Strawinsky dirigiert dort seinen Oedipus Rex.

1964 Erstmalig nach dem Kriege Konzerte in Polen. Wolfgang Sawallisch dirigiert die Philharmoniker in Posen und Warschau.

1966 Konzertreise nach Berlin-Ost, Dresden und Leipzig, Leitung Wolfgang Sawallisch. Gastspiel mit der Staatsoper in Montreal, zur Weltausstellung, und an der Metropolitan Opera in New York. In der Philharmonic Hall konzertante Aufführung des „Freischütz", Dirigent Leopold Ludwig.

1968 Philharmonische Kammerkonzerte werden wieder eingeführt mit Wolfgang Sawallisch als Klaviersolisten. Mit der Staatsoper in Rom und Edinburgh.

1969 Emil Gilels spielt unter der Leitung von Wolfgang Sawallisch alle Klavierkonzerte von Beethoven.

1970 Konzertreise zu den Festspielen in Perugia und durch die Schweiz. Dirigent Wolfgang Sawallisch.

1971 Carlo Maria Giulini dirigiert die Philharmoniker.

1973 Nach dem Ausscheiden von Wolfgang Sawallisch übernimmt Horst Stein vertretungsweise die Tätigkeit eines Chefdirigenten.

1974 Horst Stein dirigiert die Philharmoniker auf einer Konzertreise durch die Schweiz. Gesamtgastspiel der Staatsoper in Israel.

1975 Der Senat beruft Aldo Ceccato zum Hamburgischen Generalmusikdirektor. Konzertmeister ab 1977 Otto Armin.

1976 Karl Böhm wird Ehrendirigent des Philharmonischen Staatsorchesters und dirigiert alljährlich in der Philharmonie. – Das Philharmonische Staatsorchester erhält erstmalig einen Orchesterdirektor, Ernst Schönfelder. – Konzerte in Linz zum Brucknerfest und in Rotterdam. Aldo Ceccato dirigiert seine ersten auswärtigen Konzerte mit den Philharmonikern.

1977 Konzerte unter der Leitung von Aldo Ceccato in Zürich, Lausanne, Genf, Basel.

1978 Erste Konzertreise durch die Bundesrepublik, Aldo Ceccato dirigiert.

1978/79 Jubiläumssaison „150 Jahre Philharmonie Hamburg".